# La fábrica de consentimiento

## Descifrar las técnicas de manipulación masiva

# Contenido

# Medios de comunicación y manipulación de la información.53



# Las redes sociales y la difusión de ideas ........................61



# Marketing político y manipulación electoral ...............70



# La resistencia a la manipulación y la promoción del pensamiento crítico.........................................................77



# Apéndice: Estudios de caso y ejemplos históricos .............85

# Introducción a la manipulación de masas y al consentimiento

La manipulación de masas es un concepto complejo que implica el uso de técnicas y estrategias para influir en los comportamientos, opiniones y creencias de las masas. Es omnipresente en nuestra sociedad contemporánea, donde los gobiernos, las empresas y los medios de comunicación buscan moldear nuestra forma de pensar y comportarnos.

El consentimiento, por otro lado, es un concepto que se refiere a la aprobación o aceptación de una idea o propuesta. En el contexto de la manipulación de masas, el consentimiento se obtiene a menudo utilizando técnicas de persuasión e influencia para hacer que las personas acepten ideas que van en contra de sus propios intereses.

La historia de la manipulación de masas se remonta a la antigüedad, donde los líderes utilizaban discursos y ceremonias para influir en las multitudes. Con el tiempo, las técnicas de manipulación se han perfeccionado y hoy en día son omnipresentes en los medios de comunicación masiva, campañas de marketing, elecciones políticas, conflictos armados y movimientos sociales.

Los actores clave involucrados en la manipulación de masas son múltiples y diversos. Los gobiernos a menudo utilizan la propaganda para influir en la opinión pública y justificar sus acciones políticas. Las empresas utilizan sofisticadas campañas de marketing para vender sus productos. Los medios de comunicación masiva tienen un inmenso poder en la difusión de información y la creación de la opinión pública.

Para comprender mejor la manipulación de masas, es esencial basarse en las teorías de la comunicación y el control social. El modelo de propaganda de Herman y Chomsky, la teoría del establecimiento de la agenda, la teoría de la espiral del silencio, la teoría de los dos pasos (Two-step flow) y la teoría de la resonancia cognitiva se encuentran entre las principales teorías utilizadas para descifrar los mecanismos de la manipulación de masas.

Las técnicas de persuasión e influencia también son esenciales para comprender la manipulación de masas. Los principios de persuasión de Cialdini, la repetición, la desinformación, la apelación a la autoridad, el efecto de simple exposición, la influencia normativa e informacional, las técnicas de storytelling y framing son solo algunas de las estrategias utilizadas para manipular a las masas.

Los sesgos cognitivos también juegan un papel importante en la manipulación de masas. Los sesgos de confirmación, de grupo, de anclaje, de efecto halo y de creencia ciega son ejemplos de sesgos cognitivos que pueden ser aprovechados para manipular opiniones.

La psicología de las multitudes y el comportamiento colectivo también son áreas clave para comprender la manipulación de masas. Las teorías de Gustave Le Bon y Sigmund Freud, el conformismo, la obediencia y la desindividualización, el fenómeno de polarización grupal y el efecto de desinhibición en línea son fenómenos que pueden ser utilizados para influir en los comportamientos de masas.

Los medios de comunicación masiva también son
un elemento clave en la manipulación de masas. La
concentración mediática y el poder económico, las noticias
falsas y la posverdad, las estrategias de distracción y
polarización, las técnicas de selección y enmarcado de
noticias, y la influencia de las relaciones públicas y el lobby
son estrategias utilizadas para influir en la difusión de
información y las opiniones públicas.

Con el auge de las redes sociales, han surgido nuevas formas
de manipulación de masas. Los efectos de las cámaras de
eco y las burbujas de filtro, la viralidad y los mecanismos
de participación, los bots y los trolls, los algoritmos y la
polarización de opiniones, y la microsegmentación y la
publicidad personalizada son ejemplos de técnicas que
pueden ser utilizadas para influir en los comportamientos y
opiniones en línea.

La manipulación de masas también es un tema importante
en la política. Las técnicas de comunicación política, el uso
de encuestas y datos para manipular la opinión, la gestión de
la imagen y discurso político, las técnicas de gerrymandering
y supresión de votantes son estrategias utilizadas para influir
en los resultados electorales y las opiniones políticas.

No obstante, es importante resistirse a la manipulación de
masas y promover el pensamiento crítico y la conciencia
ciudadana. La educación en medios de comunicación e
información, la importancia de la diversidad de fuentes de
información, el desarrollo del pensamiento crítico y racional,
el fomento del diálogo y el debate constructivo, y el papel
de los denunciantes y las organizaciones de verificación de

hechos son estrategias para combatir la manipulación de masas.

## Definición de la manipulación de masas y el consentimiento

La manipulación de masas puede ser considerada como una forma de influencia social a gran escala que se basa en el uso de un conjunto de técnicas y estrategias de persuasión con el objetivo de modificar las opiniones, actitudes y comportamientos de un gran grupo de personas. Las técnicas de manipulación de masas pueden variar desde la repetición de mensajes clave hasta la creación de un ambiente de miedo o amenaza, pasando por el uso de personalidades públicas para generar adhesión a una causa.

El consentimiento, por otro lado, hace referencia a la aceptación o aprobación consciente y voluntaria de una propuesta, solicitud o acción. En el contexto de la manipulación de masas, el consentimiento puede ser artificialmente obtenido a través de diferentes medios, como la persuasión, la presión social o la manipulación. Las técnicas de persuasión, como los principios de persuasión de Cialdini, pueden ser utilizadas para hacer que las personas cambien de opinión o adopten un comportamiento específico. La presión social, por otro lado, puede ser ejercida por el grupo o la comunidad para fomentar la conformidad con las normas sociales.

Es importante destacar que la manipulación de masas puede ser utilizada con fines positivos o negativos. Los gobiernos pueden utilizarla para movilizar la opinión pública a favor de una causa legítima, como la promoción de la salud pública. Sin embargo, la manipulación de masas también puede ser utilizada de manera abusiva para engañar a las personas o para promover ideologías extremistas y antidemocráticas.

Los medios de comunicación, los grupos de interés y las empresas tienen todos roles clave en la manipulación de masas. Por ejemplo, los medios de comunicación pueden influir en las opiniones públicas al seleccionar y presentar noticias con ciertos sesgos, creando así agendas mediáticas que definen las prioridades de las discusiones públicas. Los grupos de interés, como los grupos de presión, pueden ejercer presión para avanzar en sus agendas particulares, mientras que las empresas pueden utilizar técnicas de marketing para alentar a las personas a comprar sus productos.

En resumen, la Manipulación de masas y el consentimiento son conceptos estrechamente relacionados que desempeñan un papel crucial en nuestra comprensión de cómo las opiniones y los comportamientos pueden ser influenciados a gran escala. Comprender las técnicas y estrategias utilizadas para manipular a las masas es fundamental para fortalecer el pensamiento crítico y la vigilancia colectiva frente a la propaganda y la desinformación.

## Objetivos y desafíos de la manipulación de masas

La manipulación de masas es una práctica que busca influir en la percepción, creencias y comportamientos de un gran número de personas simultáneamente. El objetivo principal de esta práctica es lograr un consentimiento tácito o explícito en los individuos objetivo, para llevarlos a adoptar actitudes y comportamientos específicos. Los desafíos de la manipulación de masas son múltiples y varían según los actores involucrados en el proceso.

Uno de los desafíos más importantes de la manipulación de masas es la difusión de información falsa y teorías de conspiración. En el contexto actual de la sobrecarga de información, cada vez es más difícil para los individuos diferenciar entre información confiable y no confiable. La información falsa puede circular rápidamente y propagarse a través de las redes sociales y los medios de comunicación tradicionales, creando un clima de confusión y desconfianza. Las teorías de conspiración también se pueden utilizar para sembrar discordia y división en la sociedad, cuestionando la legitimidad de las instituciones y los gobiernos.

Otro desafío importante de la manipulación de masas es la desensibilización de los individuos ante la violencia y la injusticia. Las imágenes de violencia e injusticia se utilizan a menudo para influir en la opinión pública y provocar reacciones emocionales en los individuos. Sin embargo, una exposición excesiva a estas imágenes puede llevar a una desensibilización progresiva, lo que puede tener graves consecuencias en la percepción y capacidad de los individuos para reaccionar ante las injusticias.

La manipulación de masas también puede tener graves consecuencias para la salud mental y emocional de los individuos. Aquellos que están sometidos a manipulación de masas pueden sentirse engañados, enojados y frustrados, lo que puede tener efectos negativos en su salud mental y emocional. También pueden desarrollar trastornos de ansiedad y estrés postraumático debido a la exposición a eventos traumáticos.

Por último, un desafío importante de la manipulación de masas es su impacto en la democracia. De hecho, cuando los individuos no son capaces de tomar decisiones informadas, esto puede tener graves consecuencias en los procesos democráticos. Las elecciones pueden ser manipuladas a través de técnicas como la microsegmentación y la desinformación, lo que puede tener un impacto significativo en los resultados electorales. Por lo tanto, los ciudadanos deben ser capaces de distinguir entre información confiable y no confiable y tomar decisiones informadas.

En resumen, la manipulación de masas es un fenómeno complejo que tiene muchos desafíos. Es importante reconocer la existencia de esta práctica y ser capaces de identificarla para poder protegernos de ella. Los individuos deben ser conscientes de las técnicas utilizadas para la manipulación de masas para poder tomar decisiones informadas y desarrollar un pensamiento crítico. También es importante que los gobiernos, los medios de comunicación y las empresas sean transparentes y responsables en su comunicación con el público.

# Teorías de la comunicación y del control social

En esta sección, exploraremos las principales teorías de la comunicación y del control social. Estas teorías nos ayudan a comprender cómo los medios de comunicación y las instituciones influyen en las opiniones y comportamientos de las personas.

El modelo de propaganda de Herman y Chomsky es una de las teorías más conocidas. Según este modelo, los medios de comunicación están controlados por las élites económicas y políticas, que utilizan la propaganda para mantener su poder. Los medios se centran en temas que respaldan los intereses de estas élites, mientras que los temas que amenazan su poder son ignorados o minimizados.

Otra teoría importante es la del agenda-setting, que explica cómo los medios de comunicación influencian la importancia que las personas dan a diferentes temas. Los medios tienen un poder considerable para determinar los temas que se discuten en la sociedad, al elegir qué se cubre en los periódicos, en la televisión y en las redes sociales.

La teoría de la espiral del silencio explica cómo las personas dudan en expresar opiniones que no están en línea con la mayoría de la sociedad. Los individuos tienen miedo de ser rechazados o ridiculizados, por lo que a menudo guardan sus opiniones para sí mismos. Esto puede llevar a una falsa impresión de unanimidad, donde las opiniones minoritarias se ocultan o se ignoran.

La teoría de las dos etapas describe cómo las opiniones e ideas se propagan a través de la sociedad. Según esta teoría, los medios transmiten primero las ideas a líderes de opinión, quienes a su vez influyen en las opiniones y comportamientos de la población en general. Los líderes de opinión pueden ser personalidades públicas, expertos, amigos o miembros de la familia.

La teoría de la resonancia cognitiva explica cómo los medios de comunicación y las instituciones pueden reforzar las creencias y opiniones de las personas al proporcionar información que respalde esas creencias. Por ejemplo, si una persona cree que los inmigrantes son peligrosos para la sociedad, los medios pueden proporcionar historias sensacionalistas que refuercen esta creencia, lo que puede conducir a una polarización de la sociedad y desconfianza hacia los inmigrantes.

En resumen, estas teorías nos ayudan a comprender cómo los medios de comunicación y las instituciones pueden influir en las opiniones y comportamientos de las personas. Sin embargo, es importante tener en cuenta que las personas también tienen la capacidad de pensar críticamente y resistir estas influencias. La próxima sección explorará las técnicas de persuasión e influencia que se utilizan para manipular las opiniones y comportamientos de las personas.

## Modelo de propaganda de Herman y Chomsky

Antes de hablar sobre el modelo de propaganda de Herman y Chomsky, es importante comprender qué es la propaganda.

La propaganda se puede definir como un conjunto de técnicas de comunicación destinadas a influir en la opinión y los comportamientos de un grupo o sociedad utilizando mensajes sesgados, a menudo engañosos o falaces, para manipular las emociones y el pensamiento de las personas.

El modelo de propaganda de Herman y Chomsky es una teoría desarrollada por Edward Herman y Noam Chomsky en su libro de 1988, «Manufacturing Consent: The Political Economy of the Mass Media». Esta teoría argumenta que los medios de comunicación de masas, aunque se presentan como guardianes de la democracia y la libertad de expresión, son en realidad instrumentos de manipulación de masas, de fabricación del consentimiento y de defensa de los intereses de las élites económicas y políticas.

El modelo de propaganda de Herman y Chomsky se basa en cinco filtros que, según ellos, permiten a los medios de comunicación producir un discurso conformista y homogéneo, que refleja los intereses y valores de las élites económicas y políticas:

El filtro de la propiedad: los medios de comunicación suelen ser propiedad de grandes empresas, oligarcas o intereses políticos, que tienen objetivos económicos y políticos que defender. Estos propietarios influencian las decisiones editoriales y las líneas editoriales de los medios de comunicación, según sus intereses.

El filtro de la publicidad: los medios de comunicación dependen de la publicidad para sobrevivir, por lo que es probable que busquen agradar a sus anunciantes evitando publicar contenido que pueda ofenderlos o enojarlos.

El filtro de las fuentes: los medios de comunicación tienden a favorecer fuentes oficiales y expertos, que reflejan los puntos de vista de las élites económicas y políticas, en lugar de fuentes alternativas o disidentes.

El filtro de la flak: los medios de comunicación a menudo enfrentan presiones y críticas por parte de grupos de presión, organizaciones gubernamentales o individuos influyentes que buscan imponer su punto de vista o evitar la difusión de cierta información. Esta flak puede tomar la forma de cartas de protesta, demandas judiciales, campañas de difamación o boicots.

El filtro de la ideología: los medios de comunicación a menudo reflejan los valores y creencias de las élites económicas y políticas, que tienden a favorecer políticas económicas neoliberales, militarismo, nacionalismo, conservadurismo o liberalismo. Los medios de comunicación también pueden utilizar estereotipos y prejuicios para marginar a grupos minoritarios o disidentes.

El modelo de propaganda de Herman y Chomsky muestra que los medios de comunicación desempeñan un papel clave en la manipulación de masas, al dar forma a las percepciones, actitudes y creencias de las personas sobre temas como la política, la economía, la guerra, el medio ambiente o los derechos humanos. Los medios de comunicación pueden influir en el comportamiento de las personas, las decisiones políticas, las orientaciones económicas y las opciones de consumo, al explotar sesgos cognitivos, emociones y aspiraciones de las personas.

Para ilustrar su modelo de propaganda, Herman y Chomsky analizaron los medios de comunicación estadounidenses durante la guerra de Vietnam, mostrando cómo los cinco filtros contribuyeron a respaldar la política imperialista y militarista del gobierno estadounidense, y a marginar las voces disidentes y pacifistas. Los medios de comunicación presentaron la guerra como una lucha contra el comunismo y a favor de la democracia, evitando mostrar las atrocidades cometidas por el ejército estadounidense y demonizando a los vietnamitas. Los medios de comunicación también favorecieron las fuentes oficiales y los expertos a favor de la guerra, evitando dar voz a los opositores a la guerra. Los medios de comunicación también fueron objeto de presiones y ataques por parte de los partidarios de la guerra, que utilizaron la flak para desprestigiar a los periodistas críticos.

El modelo de propaganda de Herman y Chomsky muestra que la manipulación de masas no es el resultado de una conspiración organizada o un complot secreto, sino más bien el resultado de un sistema de control social y producción del consentimiento, que implica la participación consciente o inconsciente de los actores sociales. La teoría de la propaganda de Herman y Chomsky invita a reflexionar críticamente sobre el papel de los medios de comunicación, las élites económicas y políticas y la sociedad civil en la formación de la opinión pública y en la promoción de la democracia y la justicia social.

En resumen, el modelo de propaganda de Herman y Chomsky muestra que los medios de comunicación de masas no son neutrales y objetivos, sino que están sujetos a influencias políticas, económicas e ideológicas que sesgan su discurso y presentación de la realidad. Este modelo nos invita a estar vigilantes y a reflexionar críticamente sobre las fuentes y los contenidos mediáticos, y a promover la diversidad, la transparencia y la responsabilidad en el ámbito de la comunicación y la información.

## Teoría del agenda-setting

La teoría del agenda-setting es una teoría de la comunicación que sugiere que los medios de comunicación de masas tienen la capacidad de definir la agenda pública al elegir los temas de actualidad para tratar y darles una importancia particular. En otras palabras, los medios de comunicación tienen el poder de determinar en qué debe prestar atención el público, lo que puede influir en las opiniones y actitudes de las personas.

Esta teoría fue desarrollada en la década de 1970 por los investigadores Maxwell McCombs y Donald Shaw, quienes estudiaron la cobertura mediática de las elecciones presidenciales estadounidenses de 1968. Descubrieron que los temas que recibieron más atención en los medios también eran considerados como los más importantes por los votantes.

Desde entonces, numerosos estudios han confirmado la importancia del agenda-setting en la formación de la opinión pública. Por ejemplo, la investigación ha mostrado que la cobertura mediática del crimen puede influir en la percepción del público sobre la seguridad, incluso si las tasas de criminalidad no cambian realmente. De la misma manera, la forma en que los medios de comunicación cubren los eventos políticos puede tener un impacto en la opinión pública sobre los problemas políticos.

Es importante tener en cuenta que el agenda-setting no se refiere solo a los temas que se tratan en los medios de comunicación, sino también a la forma en que se presentan y a la cantidad de atención que se les dedica. Por ejemplo, si los medios de comunicación abordan un tema en profundidad y durante un largo período de tiempo, esto puede dar la impresión de que es más importante que otros temas que no se cubren de la misma manera.

También es importante tener en cuenta que el agenda-setting no es un proceso unidireccional en el que los medios imponen sus propios temas a la opinión pública. Al contrario, los medios de comunicación a menudo están influenciados por las demandas y expectativas del público, así como por los intereses de los actores políticos y económicos.

En última instancia, la teoría del agenda-setting destaca la importancia del papel de los medios de comunicación en la formación de la opinión pública. Es importante reconocer que las decisiones editoriales de los medios de comunicación tienen un impacto en lo que la gente piensa y en las acciones que toman en respuesta a las noticias. Por lo tanto, los ciudadanos deben ser conscientes de esta influencia y utilizar su pensamiento crítico para evaluar la información que reciben de los medios.

# Teoría de la espiral del silencio

La teoría de la espiral del silencio es una teoría de la comunicación que explica cómo se forman y desarrollan las opiniones públicas. Fue formulada por la socióloga alemana Elisabeth Noelle-Neumann en 1974. Según esta teoría, los individuos tienen una tendencia natural a abstenerse de expresar su opinión si está en contradicción con la opinión mayoritaria en su entorno social inmediato. Este miedo al aislamiento social se denomina «espiral del silencio».

El miedo al aislamiento social es un factor clave en la teoría de la espiral del silencio. Los individuos tienen una tendencia natural a conformarse con las normas sociales de su entorno y a abstenerse de expresar su opinión si va en contra de la opinión mayoritaria. Este miedo al aislamiento social puede ser explotado por los actores clave para influir en la opinión pública y reforzar su poder.

Así, las opiniones minoritarias tienden a ser silenciadas y las opiniones mayoritarias se amplifican, reforzando así la percepción de que la mayoría es la norma. Esto puede llevar a una distorsión de la realidad social y dificultar la consideración de diferentes perspectivas.

Esta teoría puede ser aplicada a la manipulación de masas porque muestra cómo los actores clave pueden utilizar la presión social para reforzar su poder y control sobre las opiniones públicas. Los gobiernos, las empresas y los medios de comunicación pueden influir en la opinión pública creando un entorno social que fomenta la conformidad y desalienta a los individuos a expresarse si tienen una opinión diferente.

Un ejemplo reciente de la teoría de la espiral del silencio
en acción es la polarización política en Estados Unidos.
Los partidarios de los dos principales partidos tienden
a expresarse públicamente solo cuando están rodeados
de personas que comparten sus ideas. Esto refuerza la
percepción de que ambos partidos representan las únicas
opciones viables, a pesar de que existen alternativas.

Para contrarrestar la manipulación de masas que surge de
la teoría de la espiral del silencio, es importante promover
un entorno social que fomente la libertad de expresión y la
diversidad de opiniones. Se debe alentar a las personas a
expresar su opinión, incluso si están en desacuerdo con la
mayoría. Los medios de comunicación deben proporcionar
información objetiva y equilibrada para capacitar a las
personas a formar su propia opinión.

Sin embargo, es importante tener en cuenta que la teoría
de la espiral del silencio no es una ley universal, sino más
bien una tendencia. No todas las personas son igualmente
propensas a conformarse con las normas sociales de su
entorno, y los contextos sociales varían según muchos
factores, como la cultura, la edad y el género.

En resumen, la teoría de la espiral del silencio muestra
cómo los individuos pueden ser influenciados por el entorno
social en el que se encuentran. Los actores clave pueden
utilizar esta teoría para reforzar su poder y control sobre
las opiniones públicas. Es importante promover un entorno
social que fomente la libertad de expresión y la diversidad de
opiniones para contrarrestar la manipulación de masas que
surge de esta teoría.

# Teoría de las dos etapas (Two-step flow)

La teoría de las dos etapas, también conocida como Two-step flow, es una teoría de la comunicación que destaca la importancia de la comunicación interpersonal y de la influencia social en la formación de opiniones y actitudes. Según esta teoría, los medios de comunicación tienen una influencia indirecta en el público a través de los líderes de opinión.

En la primera etapa de esta teoría, los individuos son expuestos a los medios de comunicación. Sin embargo, la segunda etapa es crucial e implica que los individuos son más influenciados por las interacciones sociales y las conversaciones con personas de su entorno que tienen una gran influencia sobre ellos.

Los líderes de opinión pueden ser personas con poder, autoridad o experiencia en un área en particular, así como personas con una gran influencia social, como celebridades, influencers o amigos cercanos y miembros de la familia. Estos líderes de opinión pueden interpretar, evaluar y comentar la información presentada por los medios de comunicación, lo que afecta la forma en que otros perciben esta información.

Por ejemplo, la teoría de las dos etapas puede explicar por qué una publicidad televisiva de un nuevo producto puede no ser tan efectiva como una recomendación personal de un amigo cercano. La publicidad puede informar al público sobre un producto, pero es la opinión y la recomendación de un amigo lo que puede influir a una persona a comprarlo.

Además, la teoría de las dos etapas destaca la importancia de comprender las motivaciones y características de los líderes de opinión para comprender mejor la influencia que tienen sobre el público. Por ejemplo, un líder de opinión puede verse influenciado por sus propios intereses y motivaciones, y también puede tener sesgos que afectan la forma en que interpreta la información presentada por los medios de comunicación.

Además, la teoría de las dos etapas es importante para comprender la influencia de los medios de comunicación en las campañas electorales. Los líderes de opinión pueden desempeñar un papel crucial en cómo los votantes perciben a los candidatos y sus plataformas políticas. Los políticos pueden buscar dirigirse a estos líderes de opinión con el objetivo de influir en los votantes.

En resumen, la teoría de las dos etapas destaca la importancia de la comunicación interpersonal y de la influencia social en la formación de opiniones y actitudes. Comprender esta teoría puede ayudar a comprender mejor la influencia de los medios de comunicación y la formación de opiniones y actitudes, así como cómo los líderes de opinión pueden ser utilizados para influir en el público. Esta teoría también destaca la importancia de comprender las motivaciones y características de los líderes de opinión para comprender mejor la influencia que ejercen sobre el público.

# Teoría de la resonancia cognitiva

La teoría de la resonancia cognitiva es un concepto importante para descifrar las técnicas de manipulación de masas utilizadas en campañas de marketing, medios de comunicación y comunicación política. La teoría sugiere que las personas tienen una mayor predisposición a aceptar mensajes que resuenan con sus creencias y opiniones preexistentes en lugar de cuestionar su punto de vista.

La resonancia cognitiva ocurre cuando un individuo escucha o lee un mensaje y lo compara con sus propias creencias y opiniones. Si el mensaje está en armonía con sus convicciones, es más probable que lo acepte sin cuestionar o reflexionar críticamente. Esto puede explicar por qué algunas personas tienden a escuchar y creer solo a las fuentes de información que se ajustan a sus opiniones y rechazar la información que las contradice.

Esta teoría es particularmente importante en el contexto de los medios de comunicación y las campañas políticas. Los periodistas y comunicadores a menudo utilizan técnicas de enmarcado para presentar información desde un ángulo que se ajuste a las opiniones y creencias de su audiencia. El enmarcado puede influir en la percepción de las personas sobre un tema, dirigiendo su atención hacia ciertos aspectos y minimizando otros. Las campañas políticas también utilizan esta técnica para presentar a sus candidatos desde un ángulo que coincida con las opiniones de sus posibles electores.

Un ejemplo concreto de la teoría de la resonancia cognitiva

son las campañas políticas que utilizan eslóganes como «Make America Great Again» (Hacer a Estados Unidos grande de nuevo) o «Yes We Can» (Sí, podemos). Estos slogans suelen ser muy simples y directos, y están diseñados para resonar con las creencias y opiniones de los votantes objetivo. Las campañas políticas que utilizan esta técnica buscan reforzar las creencias y opiniones preexistentes de los votantes, en lugar de intentar convencerlos de cambiar de opinión.

La resonancia cognitiva también se puede utilizar para explicar el efecto de la polarización en las redes sociales. Las personas tienden a ser atraídas por personas y grupos que comparten sus opiniones y creencias. Esta tendencia puede llevar a la creación de cámaras de eco, donde las personas solo escuchan opiniones que resuenan con las suyas. Esta polarización también puede reforzar las opiniones y creencias preexistentes de las personas, haciéndolos menos propensos a cuestionar sus convicciones.

Sin embargo, es importante tener en cuenta que la resonancia cognitiva no siempre es algo negativo. Las personas tienen opiniones y creencias que son el resultado de sus experiencias de vida y su cultura, y estas opiniones deben ser respetadas. La resonancia cognitiva se puede utilizar de manera positiva para fortalecer las creencias y valores positivos de una persona o para proporcionarles información que se ajuste a sus intereses.

En conclusión, la teoría de la resonancia cognitiva es una teoría importante para comprender cómo las personas responden a los mensajes que se les transmiten. Explica cómo las creencias y opiniones preexistentes pueden influir en la forma en que las personas perciben la información que reciben. Las técnicas de comunicación, como el enmarcado, se utilizan a menudo para crear un mensaje que resuene con el público objetivo. Es importante entender que la resonancia cognitiva se puede utilizar de manera positiva o negativa, y que las personas tienen derecho a mantener sus opiniones y creencias.

# Técnicas de persuasión e influencia

## Principios de persuasión de Cialdini

Los principios de persuasión de Cialdini son técnicas de manipulación destinadas a influir en el comportamiento de las personas. Estos principios pueden utilizarse de forma consciente o inconsciente, y su eficacia es ampliamente reconocida en el campo del marketing y la publicidad.

Principio de reciprocidad

El primer principio es el principio de reciprocidad. Según este principio, las personas tienden a devolver un favor cuando reciben algo. Por ejemplo, una empresa puede ofrecer una muestra gratuita de su producto para incentivar a los consumidores a comprar el producto completo. Este principio también se utiliza en campañas de recaudación de fondos, donde las organizaciones ofrecen pequeños obsequios a los posibles donantes.

Principio de compromiso y coherencia

El segundo principio es el principio de compromiso y coherencia. Este principio establece que las personas tienden a cumplir con lo que han dicho o hecho anteriormente. Una vez que se han comprometido, buscarán ser coherentes con ese compromiso. Las campañas de puerta a puerta a menudo utilizan este principio al pedir a las personas que se comprometan a votar por un candidato o hacer una donación.

Principio de prueba social

El tercer principio es el principio de prueba social. Las personas tienden a conformarse con el comportamiento de los demás. Es por eso que las empresas utilizan testimonios de clientes satisfechos para incentivar a los consumidores a comprar sus productos. Los influencers en las redes sociales también utilizan este principio al mostrar su popularidad y el número de seguidores que tienen.

Principio de autoridad

El cuarto principio es el principio de autoridad. Las personas tienden a conformarse con aquellos que consideran como autoridades o expertos en un campo. Los anuncios a menudo utilizan celebridades o expertos para promocionar productos o servicios.

Principio de escasez

El quinto principio es el principio de escasez. Las personas tienden a valorar lo que es raro o difícil de obtener. Es por eso que las empresas utilizan promociones de tiempo limitado o ediciones limitadas de sus productos para incentivar a los consumidores a comprar.

# Principio de simpatía

Finalmente, el sexto principio es el principio de simpatía. Las personas tienden a ser más propensas a ser influenciadas por las personas que les gustan o admiran. Las publicidades a menudo utilizan personajes encantadores o animales lindos para promocionar productos o servicios.

Estos seis principios se utilizan en muchas situaciones de la vida cotidiana, especialmente en el campo del marketing y la publicidad. Por ejemplo, una empresa puede ofrecer un pequeño regalo a sus clientes para activar el principio de reciprocidad, o utilizar testimonios para activar el principio de prueba social.

Es importante tener en cuenta que estos principios de persuasión no son inherentemente «malos». De hecho, pueden utilizarse de manera ética y honesta para convencer a las personas de tomar medidas positivas. Por ejemplo, una campaña de recaudación de fondos para una organización benéfica puede utilizar el principio de reciprocidad para incentivar a los donantes a hacer donaciones y apoyar una buena causa.

Sin embargo, también es importante comprender que estos principios también pueden ser utilizados de manera manipuladora. Las personas pueden ser influenciadas sin darse cuenta utilizando estas técnicas de persuasión. Por eso es importante desarrollar el pensamiento crítico y desconfiar de las personas que intentan influenciarnos a toda costa.

En última instancia, la clave para resistirse a la manipulación es mantenerse vigilante y desarrollar el pensamiento crítico. Al comprender las técnicas de persuasión de Cialdini y ser consciente de su uso en la vida cotidiana, podemos proteger mejor nuestros intereses y tomar decisiones más informadas. Al desconfiar de los mensajes que intentan manipular nuestras emociones, podemos convertirnos en consumidores más informados y ciudadanos más comprometidos.

Propaganda y técnicas de manipulación (como la repetición, la desinformación, la apelación a la autoridad)

La propaganda es una de las técnicas de manipulación más antiguas y comunes utilizadas en las sociedades modernas para moldear la opinión pública. Se basa en difundir un mensaje sesgado, a menudo mentiroso, con el fin de influir en la percepción y el comportamiento de las personas. La repetición, la desinformación y la apelación a la autoridad son algunas de las técnicas de propaganda más utilizadas.

La repetición es una técnica de persuasión que implica repetir un mensaje de manera constante y regular para que quede arraigado en la mente de las personas. Se utiliza con frecuencia en campañas publicitarias y políticas para reforzar las convicciones de las personas y hacerles creer que las ideas transmitidas son verdaderas. Sin embargo, esta técnica también puede ser utilizada de manera abusiva para hacer pasar mentiras como verdades.

La desinformación es otra técnica de manipulación que implica difundir información falsa o incompleta con el objetivo de engañar a las personas. Se utiliza a menudo para desacreditar a una persona o a una idea, o para sembrar confusión y duda en la mente de las personas. La desinformación se utiliza a menudo en campañas de propaganda, pero también en el campo de la información en línea, donde a menudo es difícil distinguir la información confiable de la información falsa.

La apelación a la autoridad es una técnica de persuasión que implica referirse a una persona o institución de autoridad para respaldar el argumento. Se utiliza con frecuencia en campañas publicitarias para dar credibilidad a los productos y servicios ofrecidos. Sin embargo, esta técnica también puede ser utilizada de manera abusiva para transmitir ideas sesgadas o mentirosas al referirse a personalidades influyentes.

Otras técnicas de manipulación incluyen el miedo, la emoción, la mentira, la adulación, la promesa y el uso de estereotipos. El miedo es una técnica comúnmente utilizada para influir en las decisiones de las personas. Los gobiernos y los medios de comunicación pueden utilizarlo para fomentar acciones o reacciones específicas apelando a los miedos colectivos. La emoción es otra técnica utilizada con frecuencia para suscitar una respuesta emocional en las personas e incentivarlas a actuar de cierta manera. La adulación puede utilizarse para alentar a las personas a cumplir ciertas normas o adoptar ciertas actitudes, mientras que la promesa puede ser utilizada para generar esperanza y optimismo.

Para resistir a estas técnicas de manipulación, es esencial verificar la fiabilidad y la fuente de la información, examinar los argumentos presentados con un pensamiento crítico y cuestionarse las intenciones de quienes presentan estos argumentos. También es importante buscar fuentes de información diversas y confrontar las diferentes perspectivas para formarse una idea justa y equilibrada.

## Efecto de simple exposición

El efecto de simple exposición es una técnica de persuasión que se basa en el principio de que la exposición simple y repetida a un estímulo, como una palabra, una imagen o una música, puede influir favorablemente en la actitud de las personas hacia ese estímulo. Esta técnica se utiliza con frecuencia en campañas publicitarias y políticas para aumentar la familiaridad con un producto, servicio o persona.

El mecanismo del efecto de simple exposición se basa en la teoría de fluidez, que sugiere que la facilidad de procesamiento cognitivo de un estímulo influye en nuestra actitud hacia el mismo. Cuanto más fácilmente nuestro cerebro procese un estímulo, más agradable y positivo lo consideraremos. Por lo tanto, si una persona está expuesta varias veces a un estímulo, éste se vuelve más familiar y más fácil de procesar, lo que puede llevar a una actitud más positiva hacia dicho estímulo.

Por lo tanto, las personas desarrollan una preferencia por algo simplemente porque han sido expuestas a ello varias veces. En otras palabras, cuanto más nos exponemos a algo, más probabilidades hay de que nos guste. Este efecto se ha demostrado en numerosos estudios, incluidos los que han investigado la publicidad, la música y las obras de arte.

Por ejemplo, un estudio realizado por Zajonc (1968) pidió a los participantes que evaluaran una serie de formas geométricas. Algunas de las formas se presentaron varias veces, mientras que otras sólo se presentaron una vez. Los resultados mostraron que los participantes prefirieron las formas que habían visto varias veces, incluso si no tenían un significado real.

Sin embargo, el efecto de simple exposición no es infalible. Si el estímulo está asociado con experiencias o emociones negativas, el efecto puede invertirse, es decir, la repetición del estímulo puede llevar a una actitud más negativa hacia el mismo. Además, el efecto de simple exposición puede verse mitigado si la persona es consciente del intento de persuasión o si se opone firmemente al objeto de persuasión.

El efecto de simple exposición es una herramienta de persuasión poderosa, pero debe ser utilizada de manera adecuada.

Para ilustrar el efecto de simple exposición, consideremos el ejemplo de una campaña publicitaria para un nuevo producto. Si el anuncio se transmite regularmente en televisión, radio y redes sociales, los consumidores se exponen varias veces al producto. Esta repetición de la exposición puede aumentar la familiaridad y el reconocimiento del producto, lo que puede llevar a una actitud más positiva hacia él. Si el producto está asociado con una experiencia positiva, como una muestra gratuita o una promoción, el efecto de simple exposición puede reforzarse.

En conclusión, una vez más, el efecto de simple exposición
es una técnica de persuasión efectiva que se basa en
la repetición de la exposición a un estímulo para influir
favorablemente en la actitud de las personas hacia él.

## Influencia normativa e informativa

En la manipulación de masas, la influencia normativa e
informativa son técnicas comunes utilizadas para obtener
un comportamiento específico por parte de las personas o
para que acepten una idea. La influencia normativa implica
que las personas son influenciadas por las normas sociales
y buscan conformarse a ellas. Por otro lado, la influencia
informativa se refiere a cómo las personas se basan en las
opiniones y la información de otras personas para evaluar la
relevancia de una idea o un comportamiento.

La influencia normativa se utiliza comúnmente para influir
en los comportamientos. Por ejemplo, cuando una empresa
o un grupo de personas busca fomentar la participación en
una campaña de concientización, pueden resaltar el número
de personas que ya han participado en esa campaña, con la
esperanza de que esto anime a otros a unirse al movimiento.
Del mismo modo, las marcas también utilizan esta técnica
al promocionar productos populares o presentarlos como
elecciones respaldadas por la sociedad.

La influencia informativa se utiliza para influir en las
opiniones y actitudes de las personas al proporcionarles

información que respalda una idea específica. Por ejemplo, cuando una empresa busca promover el uso de sus productos, puede ofrecer testimonios positivos de usuarios o estudios que demuestren los beneficios de utilizar sus productos. Los medios de comunicación también utilizan esta técnica para influir en la opinión pública al presentar información sesgada que respalda su punto de vista.

Es importante tener en cuenta que ambos tipos de influencia pueden utilizarse de manera positiva o negativa. La influencia normativa se puede utilizar para fomentar la participación en actividades beneficiosas para la sociedad, pero también se puede utilizar para promover comportamientos negativos, como el consumo de drogas o el activismo extremista. De manera similar, la influencia informativa puede utilizarse para proporcionar información valiosa e imparcial, pero también puede utilizarse para engañar y manipular a las personas.

La resistencia a la influencia normativa e informativa requiere pensamiento crítico y un análisis cuidadoso. Las personas deben aprender a evaluar la información que reciben y determinar si es confiable e imparcial. También deben ser conscientes de sus propias normas y opiniones y ser capaces de cuestionarlas para evitar ser influenciados de manera inapropiada.

En resumen, la influencia normativa e informativa son técnicas de manipulación de masas comúnmente utilizadas para influir en los comportamientos y las opiniones. Las personas deben ser conscientes de estas técnicas y aprender a evaluar la información que reciben para evitar ser influenciados de manera inapropiada.

# Técnicas de storytelling y framing

En la manipulación de masas, el storytelling y el framing son técnicas de persuasión comúnmente utilizadas para influir en las actitudes y comportamientos de las personas.

La técnica del storytelling (o narración) es una estrategia de comunicación ampliamente utilizada en los medios de comunicación, la publicidad, el marketing, la política e incluso en las relaciones personales. Consiste en contar una historia cautivadora que se utiliza para transmitir un mensaje específico. Las historias tienen un poder emocional y a menudo son más memorables que los hechos o las estadísticas sin procesar. Por lo tanto, el storytelling puede utilizarse para influir en las actitudes y comportamientos de las personas, así como para moldear su percepción de la realidad.

El framing es otra técnica de comunicación que consiste en presentar información de una manera particular, utilizando un marco o una perspectiva específica. La elección del marco puede influir en la forma en que las personas perciben un evento o una cuestión, llevándolas a favorecer ciertos aspectos y a ignorar otros. Los marcos pueden ser implícitos (no expresados) o explícitos (expresados claramente). A menudo se utilizan para dar dirección u orientación al pensamiento y guiar a las personas en la toma de decisiones.

Las técnicas de storytelling y framing se utilizan a menudo juntas para crear una imagen o visión particular de la realidad. Las historias se utilizan para crear una conexión emocional con el público y transmitir mensajes complejos de manera simple y efectiva. Los marcos se utilizan para dar dirección al pensamiento y para influir en las percepciones y juicios de las personas.

Cuando se utilizan de manera malintencionada, el storytelling y el framing pueden utilizarse para manipular las opiniones y comportamientos de las personas. Las historias pueden utilizarse para crear una imagen emocional que no se relaciona con la realidad. Los marcos pueden utilizarse para ocultar ciertos aspectos de un tema o para dar una falsa impresión de la realidad. Por lo tanto, las técnicas de storytelling y framing pueden utilizarse para manipular las actitudes y comportamientos de las personas y moldear su percepción de la realidad.

La resistencia a las técnicas de storytelling y framing requiere pensamiento crítico y análisis profundo. Las personas deben aprender a evaluar la información que reciben y determinar si es confiable e imparcial. También deben ser conscientes de su propio marco y estar dispuestas a cuestionar y desafiar las narrativas y perspectivas presentadas.

En resumen, las técnicas de storytelling y framing son técnicas de persuasión comúnmente utilizadas para influir en las actitudes y comportamientos. Las personas deben ser conscientes de estas técnicas y aprender a evaluar la información que reciben para evitar ser influenciadas de manera inapropiada.

# Sesgos cognitivos y su papel en la manipulación de masas

## Sesgo de confirmación

El sesgo de confirmación es una técnica que consiste en reforzar las creencias y opiniones de una persona al presentarle información que corrobora su posición preexistente, ignorando o minimizando la información que la contradice. Este sesgo es muy poderoso, ya que utiliza la tendencia natural de la mente humana a buscar y aceptar la información que confirma sus creencias.

El sesgo de confirmación puede ser utilizado en diversas situaciones, tales como campañas políticas, medios de comunicación masiva, publicidad e incluso conversaciones cotidianas. Los medios pueden difundir información que respalda una posición política o ideológica particular, ignorando la información que la contradice. Los publicistas pueden utilizar testimonios de clientes satisfechos para convencer a los consumidores de la efectividad de su producto, ignorando los testimonios negativos.

Un ejemplo común de sesgo de confirmación es la forma en que las personas pueden cerrarse a información que contradice su punto de vista político. Por ejemplo, si una persona tiene una opinión muy favorable hacia un partido político en particular, será más propensa a buscar información que respalde esa opinión y a rechazar o ignorar la información que la contradice.

Esto puede llevar a un pensamiento estrecho y dogmático, donde la persona solo tiene en cuenta las perspectivas que refuerzan sus creencias, lo que puede llevar a una polarización política y una división social. Los medios también pueden utilizar el sesgo de confirmación al difundir información que respalda una posición política o ideológica particular, ignorando o minimizando la información que la contradice.

El sesgo de confirmación también puede manifestarse a través de las redes sociales, donde los algoritmos de recomendación pueden presentar contenido que refuerce las opiniones del usuario, ignorando las opiniones opuestas. Además, las personas tienden a relacionarse con personas que comparten las mismas opiniones, creando «cámaras de eco» donde las ideas son reforzadas sin oposición.

Para resistir al sesgo de confirmación, es importante exponerse a una variedad de perspectivas y opiniones diferentes. Es esencial buscar activamente información que cuestione nuestras creencias y opiniones, y cuestionar regularmente nuestros propios puntos de vista. Esto puede ayudar a evitar la polarización política y promover la comprensión mutua entre diferentes perspectivas y opiniones.

## Sesgo de grupo

Los sesgos de grupo desempeñan un papel esencial en influir en las personas para adoptar ciertas creencias o comportamientos. Los grupos sociales, como familias, amigos, colegas y comunidades, tienen normas, valores y actitudes que se comunican a sus miembros. Cuando una persona se une a un grupo, enfrenta presiones sociales para conformarse a las normas del grupo, incluso si esto va en contra de sus convicciones personales. Esta presión puede manifestarse de diversas formas, como la persuasión, la ridiculización e incluso la amenaza de exclusión.

Los sesgos de grupo afectan la forma en que las personas perciben la información y toman decisiones. El sesgo de conformidad es uno de los sesgos más comunes, donde las personas ajustan sus opiniones y comportamientos para coincidir con los del grupo. Esto puede llevar a un pensamiento grupal, donde las personas no cuestionan las ideas preconcebidas del grupo y aceptan ciegamente las decisiones colectivas.

El sesgo de ilusión grupal es otro efecto común donde los miembros del grupo sobrestiman la validez y corrección de sus decisiones colectivas, incluso si son incorrectas o injustas. Esto puede llevar a una complacencia o arrogancia, donde el grupo no tiene en cuenta las opiniones o información externa.

También es frecuente el sesgo de polarización grupal, donde el grupo se vuelve más extremo en sus opiniones o comportamientos después de discutir estos temas con otros miembros del grupo. Esto puede llevar a la radicalización de opiniones y una polarización social más amplia.

Es importante reconocer estos sesgos de grupo para evitar ser manipulado por influencias de masas. Las personas deben pensar de manera autónoma y ser capaces de cuestionar las normas y actitudes de su grupo social. Los educadores y líderes no deben dictar y modelar su forma de pensar.

Para ilustrar este punto, tomemos como ejemplo los movimientos políticos o sociales que utilizan las redes sociales para movilizar masas de personas. Los sesgos de grupo pueden ser explotados mediante técnicas de polarización para exacerbar las divisiones y diferencias entre los grupos. Se puede alentar a las personas a adoptar opiniones extremas o rechazar puntos de vista alternativos. Al comprender estos sesgos, las personas que a menudo ignoran pueden estar mejor preparadas para reconocer estas técnicas y tomar decisiones informadas.

En conclusión, los sesgos de grupo también son un elemento clave en la manipulación de masas y la toma de decisiones colectivas.

## Efecto de halo

El efecto de halo es un sesgo cognitivo que ocurre cuando nuestra impresión general de una persona, empresa o producto influye en nuestra evaluación de sus características específicas. En otras palabras, si tenemos una opinión positiva de una persona, somos más propensos a atribuirle cualidades positivas, incluso si no están justificadas por los hechos.

Este efecto puede ser utilizado en técnicas de manipulación

de masas para influir en las opiniones de las personas sobre una persona u organización. Por ejemplo, si una empresa tiene una imagen positiva en el público, puede utilizar esta imagen para influir en las opiniones de las personas sobre sus productos, incluso si dichos productos no son de buena calidad.

El efecto de halo también puede ser utilizado en la política para influir en las opiniones de los votantes. Si un candidato tiene una imagen positiva en el público, puede utilizar esta imagen para influir en las opiniones de los votantes sobre sus políticas, incluso si estas políticas no están a favor de ellos.

Para evitar el efecto de halo, es importante evaluar a las personas, organizaciones y productos en función de sus características específicas en lugar de depender de nuestra impresión general. También es importante buscar información de diferentes fuentes confiables para tener una evaluación más precisa.

Tomemos el ejemplo de la publicidad de un producto de belleza. Si la publicidad destaca a una celebridad conocida por su carisma y belleza, el efecto de halo puede hacernos creer que el producto es efectivo sin siquiera mirar los ingredientes y características específicas del producto. Sin embargo, al estudiar los ingredientes y las opiniones de usuarios independientes, podemos tener una opinión más precisa del producto.

En resumen, el efecto de halo puede ser utilizado para influir sutilmente en las opiniones de las personas, pero se puede evitar evaluando las características específicas de personas, organizaciones y productos y buscando información de diferentes fuentes confiables.

## Sesgo de anclaje

Los sesgos de anclaje son sesgos cognitivos que a menudo se utilizan en la manipulación de masas, ya que pueden tener un impacto considerable en cómo percibimos y evaluamos la información. Este sesgo se basa en el hecho de que nuestro cerebro tiende a aferrarse a la primera información que se nos presenta, incluso si no es relevante o confiable, y la utiliza como referencia para tomar decisiones posteriores.

Un ejemplo común de sesgo de anclaje es el uso de precios de referencia en la publicidad, que da la impresión a los consumidores de que están obteniendo una buena oferta al comprar un producto con descuento. De la misma manera, los anuncios políticos pueden utilizar imágenes y lemas impactantes al comienzo del video para anclar una idea o percepción en la mente de los televidentes, quienes luego tienden a interpretar la información posterior en función de esa percepción.

Los sesgos de anclaje son especialmente efectivos cuando se combinan con otros sesgos cognitivos como el sesgo de confirmación o el sesgo de grupo. Por ejemplo, si una persona está anclada en una idea falsa, será más propensa a buscar información que la confirme, ignorando la información contradictoria.

Para resistir a la influencia de los sesgos de anclaje, puede ser útil preguntarse si la primera información presentada es relevante, confiable e imparcial antes de confiar en ella para tomar una decisión.

En resumen, los sesgos de anclaje pueden ser una poderosa herramienta de manipulación de masas. Al ser conscientes del potencial efecto de la primera información presentada, podemos evaluar mejor la información posterior y tomar decisiones más informadas.

## Sesgo de creencia ciega

El sesgo de creencia ciega es un concepto importante en psicología y sociología, ya que puede explicar cómo las personas pueden ser fácilmente manipuladas por información falsa o engañosa.

Este sesgo ocurre cuando las personas aceptan información como verdadera sin buscar verificarla o evaluarla de manera crítica. En otras palabras, las personas creen en algo sin tener suficiente evidencia o razones lógicas para hacerlo.

Este sesgo de creencia ciega puede ser exacerbado por varios factores, como la repetición de la información, la credibilidad percibida de la fuente de información y el impacto emocional de la información.

Por ejemplo, si una persona escucha una afirmación varias veces, puede terminar creyendo en ella sin cuestionar su veracidad. De la misma manera, si una persona considera que una fuente de información es confiable, es más probable que acepte la información que proporciona sin prestarle suficiente atención.

Por último, la información que tiene un impacto emocional importante también puede llevar a un sesgo de creencia ciega. Las personas pueden estar más inclinadas a creer en la información que se ajusta a sus creencias preexistentes o refuerza su punto de vista, incluso si esta información no es precisa.

Es importante reconocer el sesgo de creencia ciega para evitar ser manipulado por información falsa o engañosa.

En resumen, el sesgo de creencia ciega se puede comparar con un espejismo en el desierto. Al igual que un espejismo puede parecer real pero en realidad es una ilusión, la información que se acepta sin suficiente evidencia o razones lógicas puede parecer verdadera pero no necesariamente lo es. Teniendo esto en cuenta, las personas pueden ser más conscientes de su propensión a caer en este sesgo y tomar medidas para evitarlo.

# La psicología de las multitudes y el comportamiento colectivo

La psicología de las multitudes se ocupa de los procesos mentales y comportamentales que se manifiestan cuando un grupo de personas se reúne. Estos procesos son diferentes de los observados en individuos que actúan solos, ya que los miembros de la multitud interactúan e influyen mutuamente, creando así un comportamiento colectivo.

Gustave Le Bon fue uno de los primeros en estudiar la psicología de las multitudes y identificó varias características comunes, como la pérdida de individualidad y la intensa emoción. También sugirió que las multitudes son fácilmente influenciables por líderes carismáticos y que los comportamientos colectivos suelen ser irracionales.

Sigmund Freud también estudió las multitudes y propuso que los miembros de la multitud experimentan un proceso de «desindividualización», es decir, pierden su propia identidad y se fusionan con el grupo. Esta desindividualización puede llevarlos a adoptar comportamientos que no adoptarían de forma individual.

Los psicólogos sociales modernos también han estudiado la psicología de las multitudes y han identificado varios factores que influyen en el comportamiento colectivo. Por ejemplo, la norma social es un factor importante que puede influir en los miembros de la multitud a adoptar comportamientos que se ajusten a las normas sociales del grupo. La teoría de la identificación social sugiere que los miembros de la multitud también pueden adoptar comportamientos que refuercen su identidad grupal.

El conformismo es otro factor que puede influir en el comportamiento colectivo. Los miembros de la multitud pueden adoptar comportamientos conformes a la norma social, incluso si no están de acuerdo con ellos individualmente. La obediencia a la autoridad también es un factor importante que puede llevar a los miembros de la multitud a adoptar comportamientos dictados por líderes carismáticos o autoridades.

El comportamiento colectivo también puede verse influenciado por factores externos como el tamaño de la multitud, la duración de la interacción y el grado de anonimato. Las multitudes más grandes pueden ser más propensas a adoptar comportamientos extremos o volverse violentas. Los miembros de la multitud que interactúan durante períodos prolongados pueden volverse más solidarios y propensos a adoptar comportamientos conformes al grupo.

Por último, las nuevas tecnologías también tienen un impacto en la psicología de las multitudes. Las redes sociales y los medios de comunicación en línea han creado nuevas formas de comportamiento colectivo, como los movimientos sociales en línea. Estos movimientos pueden ser muy influyentes y tienen el potencial de provocar cambios significativos en la sociedad.

En conclusión, la psicología de las multitudes y el comportamiento colectivo son áreas importantes de estudio para comprender cómo los grupos de personas interactúan y cómo se desarrollan los comportamientos colectivos. Los factores psicológicos y sociales que influyen en el comportamiento colectivo son numerosos y complejos. Una comprensión profunda de estos factores puede ayudar a prevenir comportamientos colectivos negativos y promover comportamientos más positivos y constructivos.

# Teorías de Gustave Le Bon y Sigmund Freud

Gustave Le Bon, un psicólogo social francés, desarrolló una teoría de la psicología de las multitudes en su libro «Psicología de las multitudes» en 1895. Según Le Bon, los individuos pierden su individualidad cuando forman parte de una multitud y son más fácilmente influenciables. Las multitudes se caracterizan por una emoción colectiva y una conciencia común que las lleva a adoptar comportamientos irracionales e impulsivos. Las multitudes también se caracterizan por un líder carismático que es capaz de dirigirlas en una dirección particular.

Sigmund Freud, el famoso fundador del psicoanálisis, también estudió los fenómenos de masa. En su libro «Psicología de las masas y análisis del yo» en 1921, Freud propuso que los individuos que forman parte de una multitud tienden a abandonar su yo individual para unirse a un yo colectivo. Esta pérdida de individualidad permite a los individuos liberarse de sus inhibiciones y comportarse de manera irracional y violenta. Freud también destacó la importancia de los líderes carismáticos en la formación de multitudes y su capacidad para manipular las emociones y deseos de los individuos.

Las teorías de Gustave Le Bon y Sigmund Freud sobre la psicología de las multitudes han sido muy influyentes en nuestra comprensión de la manipulación de masas y el comportamiento colectivo. Sin embargo, sus teorías también han sido criticadas por su simplificación excesiva de los comportamientos humanos y su falta de consideración por los factores sociales y económicos más amplios que influyen en el comportamiento de los individuos.

Es importante recordar que los individuos no son simplemente seres irracionales que son fácilmente manipulables por líderes carismáticos y emociones colectivas. Los comportamientos de las multitudes pueden verse influenciados por factores como la pobreza, la injusticia social y la opresión política, así como por actores como gobiernos, empresas y medios de comunicación que buscan servir a sus propios intereses.

Además, las teorías de Le Bon y Freud fueron desarrolladas a principios del siglo XX y fueron influenciadas por el contexto socio-político de su época. Eventos históricos como las dos guerras mundiales, el surgimiento del fascismo y el comunismo, así como los movimientos sociales y los cambios tecnológicos no fueron tenidos en cuenta en sus análisis. Por lo tanto, es importante tener en cuenta los desarrollos históricos y los contextos socio-políticos más amplios al analizar la manipulación de masas y el comportamiento colectivo.

Sin embargo, las teorías de Le Bon y Freud pueden ser útiles para comprender algunos comportamientos de multitud y grupo, como la polarización de grupo y la desindividualización. Por ejemplo, las redes sociales pueden permitir la formación de grupos en línea donde los individuos comparten creencias y opiniones comunes, reforzando así su polarización. Del mismo modo, el anonimato en línea puede llevar a una desindividualización y a un comportamiento impulsivo e irracional.

En conclusión, las teorías de Gustave Le Bon y Sigmund Freud han hecho una importante contribución a nuestra comprensión de la psicología de las multitudes y el comportamiento colectivo. Sin embargo, es importante considerarlas en su contexto histórico y social y tener en cuenta los factores económicos y sociales más amplios que influyen en el comportamiento de los individuos. Estas teorías pueden ser útiles para comprender algunos comportamientos de multitud, pero deben usarse con precaución y en combinación con otras teorías y análisis para una comprensión más completa de la manipulación de masas.

## Conformismo, obediencia y desindividualización

El conformismo, la obediencia y la desindividualización son conceptos clave en la manipulación de masas. Estos conceptos son importantes para comprender mejor la formación de comportamientos colectivos.

El conformismo puede verse como un mecanismo de defensa natural para las personas que buscan evitar conflictos y adaptarse a la mayoría para ser aceptados socialmente. Esta tendencia puede ser amplificada por el efecto de grupo, que puede reforzar las normas y valores sociales existentes. Los propagandistas pueden utilizar técnicas de enmarcado para alentar a las personas a conformarse con una determinada perspectiva, presentando la información de una manera que la haga más aceptable o deseable.

La obediencia puede considerarse como una consecuencia

del conformismo, ya que las personas tienden a obedecer a las autoridades para evitar sanciones o para adaptarse a las normas sociales. Sin embargo, la obediencia también puede ser reforzada por la autoridad percibida, que se refiere a la percepción de que la autoridad tiene el derecho de dar órdenes. Los manipuladores pueden utilizar técnicas de persuasión para reforzar su autoridad percibida e incitar a las personas a obedecer sus órdenes.

La desindividualización es otra consecuencia del conformismo, ya que las personas pueden perder su identidad personal al formar parte de un grupo. Esta pérdida de identidad puede llevar a comportamientos impulsivos e irracionales, especialmente en las multitudes. Los propagandistas pueden utilizar técnicas de manipulación de masas para desindividualizar a las personas e incitarlas a comportarse de una manera que contradiga sus valores y personalidad.

Para ilustrar el impacto del conformismo, la obediencia y la desindividualización en la manipulación de masas, podemos tomar el ejemplo de la propaganda nazi durante la Segunda Guerra Mundial. Los propagandistas nazis utilizaron técnicas de enmarcado para alentar a los alemanes a conformarse con las ideologías nazis, presentando la información de una manera que la hacía más aceptable o deseable. Los nazis también reforzaron su autoridad percibida creando un culto a la personalidad alrededor de Adolf Hitler, que era percibido como un líder carismático capaz de guiar a Alemania hacia la grandeza.

# Fenómeno de polarización de grupo

La polarización de grupo es un fenómeno que ocurre cuando los miembros de un grupo se vuelven cada vez más extremos en sus posturas y opiniones a medida que discuten con personas que comparten las mismas ideas. Este fenómeno puede ser exacerbado por las redes sociales, que permiten que las personas se agrupen fácilmente en función de sus creencias y opiniones.

La polarización de grupo puede ser peligrosa porque puede conducir a conflictos y tensiones sociales. Por ejemplo, un estudio mostró que los grupos de discusión en línea sobre temas como política o religión tienden a polarizarse cada vez más con el tiempo, lo que puede llevar a un deterioro del diálogo y una disminución de la comprensión entre los diferentes grupos.

Es importante comprender los mecanismos subyacentes a la polarización de grupo para poder combatir este fenómeno. Las teorías de la comunicación, como la teoría de la espiral del silencio y la teoría de la configuración de la agenda, pueden ser útiles para comprender cómo los medios de comunicación y las redes sociales pueden influir en las opiniones y creencias de las personas.

Los sesgos cognitivos, como el sesgo de confirmación, también pueden desempeñar un papel importante en la polarización de grupo. Las personas tienden a buscar información que confirme sus creencias existentes en lugar de cuestionar esas creencias buscando información contradictoria.

Es importante destacar que la polarización de grupo no debe confundirse con tener opiniones firmes o defender convicciones. Es perfectamente posible tener opiniones firmes sin dejarse llevar por la polarización de grupo.

Para combatir la polarización de grupo, es importante fomentar un diálogo constructivo entre las diferentes partes, alentar el debate y la comprensión mutua.

# Medios de comunicación y manipulación de la información

## Concentración de los medios y poder económico

En nuestra sociedad, los medios de comunicación desempeñan un papel crucial en la formación de la opinión pública. Sin embargo, esta función puede verse comprometida si la concentración de los medios en manos de un pequeño número de propietarios poderosos permite ejercer un control sobre el contenido difundido. De hecho, cuando los medios de comunicación están controlados por empresas con intereses económicos, políticos o ideológicos específicos, esto puede dar lugar a una distorsión de la información y de la diversidad de puntos de vista.

Cuando un pequeño grupo de propietarios de medios de comunicación controla gran parte de la información difundida en los medios, esto también puede tener un impacto negativo en la competencia y el pluralismo de los medios. De hecho, los propietarios de los medios de comunicación suelen tener intereses económicos y políticos convergentes, lo que puede influir en la forma en que cubren los acontecimientos y la información que se difunde. Esto también puede tener un impacto en cómo se tratan los medios de comunicación competidores, lo que puede dar lugar a una reducción de la diversidad de fuentes de información.

La concentración de los medios de comunicación también puede tener un impacto en la calidad de la información difundida. Los propietarios de los medios pueden verse tentados a priorizar temas que atraen más audiencia o publicidad en lugar de aquellos que son más relevantes o importantes para la sociedad. Además, la reducción de costos puede dar lugar a una disminución en la calidad de la información, la investigación y la verificación de los hechos.

Por último, la concentración de los medios de comunicación puede tener también consecuencias para la libertad de prensa y la independencia de los periodistas. Los propietarios de los medios de comunicación pueden ejercer presiones sobre los periodistas para que modifiquen o eliminen artículos que podrían perjudicar sus intereses económicos o políticos. Esto puede tener un efecto disuasorio sobre la capacidad de los periodistas para investigar temas sensibles o criticar al poder establecido.

Para enfrentar la concentración de los medios de comunicación y el poder económico resultante, es esencial apoyar a los periodistas independientes y a los medios alternativos que tienden a ser más libres y ofrecen una cobertura más diversa y equilibrada de los acontecimientos.

## Fake news y la post-verdad

La desinformación, las «fake news» y la «post-verdad» se han convertido en fenómenos comunes en nuestra sociedad. Las personas son bombardeadas con información falsa y teorías de conspiración que tienen graves consecuencias en su comportamiento y toma de decisiones. En esta sección, examinaremos qué es la desinformación y cómo se propaga, así como las consecuencias de la «post-verdad» en la sociedad.

La desinformación se define como la propagación deliberada de información falsa o teorías de conspiración con el objetivo de engañar a las personas. Los autores de la desinformación pueden ser gobiernos, empresas, grupos políticos o personas malintencionadas que buscan promover sus propios intereses. La desinformación se propaga a menudo en las redes sociales, los foros en línea y los sitios web, donde puede difundirse rápidamente y llegar a un público mucho más amplio.

Las noticias falsas pueden tener graves consecuencias en la sociedad. Pueden afectar la forma en que las personas votan, su salud y bienestar, así como su comportamiento en la vida cotidiana. Por ejemplo, la desinformación sobre las vacunas ha llevado a un aumento de casos de enfermedades que se pueden prevenir mediante la vacunación, y la desinformación sobre COVID-19 ha resultado en un aumento en el número de personas que se niegan a usar mascarillas o vacunarse.

La «post-verdad», por otro lado, se define como la tendencia a aceptar opiniones y creencias personales en lugar de hechos objetivos y verificables. La «post-verdad» puede ser alimentada por la desinformación, ya que las personas tienden a creer lo que coincide con sus opiniones y creencias preexistentes. La «post-verdad» también puede ser impulsada por las redes sociales, donde los algoritmos pueden crear «burbujas de filtro» que refuerzan las opiniones preexistentes de una persona.

## Estrategias de desvío y polarización

En esta sección, exploraremos las estrategias de desvío y polarización utilizadas en la manipulación de masas.

La estrategia de desvío puede adoptar varias formas. Puede consistir en la difusión de información falsa para desviar la atención del público de un tema importante. Los medios de comunicación también pueden centrarse en un tema menor y generar una gran atención al respecto para captar la atención del público, mientras ignoran o minimizan un tema importante. Los gobiernos también pueden organizar eventos espectaculares o anuncios de última hora para desviar la atención de temas importantes.

Un ejemplo de estrategia de desvío puede ser la forma en que algunas empresas evitan rendir cuentas por sus acciones al generar pequeños escándalos para distraer la opinión pública.

Por ejemplo, cuando a una empresa se le acusa de prácticas comerciales cuestionables o problemas ambientales, puede intentar distraer la atención organizando un evento espectacular que atraiga la atención de los medios y del público. Esta estrategia de desvío se utiliza para evitar responder a acusaciones importantes y minimizar las consecuencias potenciales para la empresa.

La polarización también puede ser utilizada para dividir a la población. Puede adoptar la forma de una oposición artificial, creada para dividir a las personas en dos bandos opuestos. Por ejemplo, un partido político puede ser demonizado por los medios de comunicación, creando así una polarización entre quienes lo apoyan y quienes lo rechazan, sin que el público pueda juzgar las posiciones del partido en cuestión.

Las redes sociales también pueden ser utilizadas para difundir información polarizante y crear conflictos artificiales entre grupos. Los medios de comunicación pueden demonizar a un partido político o a un candidato, creando así una polarización entre los partidarios y los oponentes. Luego, los algoritmos de estas redes sociales pueden amplificar estos mensajes y difundirlos a gran escala, generando una polarización y una división más pronunciadas.

Ambas técnicas pueden ser utilizadas conjuntamente para crear una distracción y dividir a la población, lo que facilita la manipulación.

## Técnicas de control de acceso y enfoque

En la manipulación de masas, las técnicas de control de acceso y enfoque desempeñan un papel fundamental en la creación y difusión de información. El control de acceso es el proceso de filtrado de la información por parte de los medios de comunicación y los tomadores de decisiones, mientras que el enfoque es la forma en que se presenta la información para influir en la percepción del público.

Los medios de comunicación desempeñan un papel importante en el control de acceso al elegir las historias que cubren y decidir cómo se presentan. Esta selección puede estar influenciada por factores como las preferencias de los propietarios de los medios de comunicación, los intereses de los anunciantes o las relaciones con las fuentes de información. Al controlar la difusión de la información, los medios de comunicación pueden influir en la opinión pública y en la agenda política.

El enfoque, por otro lado, es una técnica utilizada para influir en la percepción del público sobre un tema utilizando un lenguaje específico, imágenes y asociaciones que generan emociones y reacciones. Por ejemplo, un tema puede presentarse desde un ángulo positivo o negativo según la forma en que se enmarque.

Los políticos y los grupos de presión suelen utilizar el enfoque para moldear la opinión pública sobre cuestiones políticas. Pueden utilizar términos cargados emocionalmente para provocar reacciones, como «inmigración ilegal» o «reforma fiscal». Estos términos enmarcan el tema de manera que el público perciba las políticas propuestas como positivas o negativas, según cómo se presenten.

Es importante recordar que el enfoque puede ser utilizado para manipular opiniones y que los medios de comunicación pueden jugar un papel crucial en la difusión de esos marcos. Por lo tanto, es esencial mantenerse alerta y examinar cuidadosamente las fuentes de información y cómo se presentan los temas.

# Influencia de las relaciones públicas y el lobby

En nuestro mundo moderno, las relaciones públicas y el lobby desempeñan un papel cada vez más importante en la manipulación de masas. Las empresas, las organizaciones políticas y los gobiernos utilizan estas técnicas para influir en la opinión pública a favor de sus intereses. Las relaciones públicas son un conjunto de técnicas de comunicación destinadas a influir en la opinión pública a favor de una empresa, un producto o una organización, mientras que el lobby es una forma de presionar a los tomadores de decisiones políticas para que adopten políticas favorables a una empresa o una organización.

Las empresas a menudo utilizan las relaciones públicas para mejorar su imagen de marca y reputación. Contratan a profesionales de relaciones públicas para crear mensajes publicitarios, eventos y campañas de comunicación destinadas a convencer a los consumidores de que sus productos o servicios son los mejores en el mercado. Las organizaciones políticas también utilizan las relaciones públicas para persuadir a los votantes de apoyar a sus candidatos y políticas.

El lobby es una forma de relaciones públicas que se centra en los esfuerzos de cabildeo con los tomadores de decisiones políticas. Las empresas y organizaciones políticas a menudo contratan a lobbyistas para influir en las políticas y leyes que les conciernen. Los lobbyistas trabajan estrechamente con los tomadores de decisiones políticas, proporcionando información y argumentos que los persuaden de adoptar políticas favorables a sus clientes.

El lobby puede adoptar varias formas, como campañas publicitarias, contribuciones políticas y esfuerzos de relaciones públicas. Las empresas también pueden organizar eventos y reuniones para encontrarse con los tomadores de decisiones políticas y discutir sus preocupaciones.

Sin embargo, el lobby también puede tener consecuencias negativas para la democracia. Los lobbyistas pueden presionar a los tomadores de decisiones políticas para que adopten políticas que favorezcan los intereses de sus clientes, en lugar del interés público. Esto puede conducir a políticas que benefician a las empresas y organizaciones políticas, pero que perjudican a la sociedad en su conjunto.

Para resistir la manipulación de masas a través de las relaciones públicas y el lobby, los ciudadanos deben ser conscientes de su existencia y su impacto en la sociedad. Deben ser escépticos ante los mensajes publicitarios y los discursos políticos y buscar información de fuentes independientes y confiables.]

# Las redes sociales y la difusión de ideas

## Efecto de las cámaras de eco y las burbujas de filtro

Las redes sociales han transformado la forma en que consumimos y compartimos información. Sin embargo, esta evolución también ha creado efectos perjudiciales, como las cámaras de eco y las burbujas de filtro. Estos fenómenos pueden contribuir a la polarización de la opinión pública y a la difusión de noticias falsas.

Las cámaras de eco se producen cuando las personas se rodean de otras personas que tienen opiniones similares a las suyas. Por lo tanto, pueden estar expuestas a información que confirma sus propias convicciones, sin ser expuestas a opiniones contradictorias. Este fenómeno es amplificado por los algoritmos de recomendación de contenido en las redes sociales, que sugieren publicaciones según los intereses y las interacciones del usuario.

Las burbujas de filtro, por otro lado, son el resultado del uso de filtros para seleccionar el contenido presentado a los usuarios según sus intereses y su historial de búsqueda. Por lo tanto, es probable que los usuarios solo vean información que confirma sus propias convicciones, sin ser expuestos a puntos de vista contradictorios.

Estos fenómenos pueden tener efectos negativos en la

sociedad al crear divisiones y tensiones entre diferentes opiniones y al reducir la calidad de la información disponible. Por ejemplo, las cámaras de eco pueden llevar a una polarización creciente de la opinión pública, ya que las personas tienden a adoptar posturas más extremas cuando están rodeadas de otras personas que comparten las mismas opiniones.

Por ejemplo, durante la revolución egipcia de 2011, las redes sociales jugaron un papel importante, pero también contribuyeron a la polarización de la opinión pública. Los partidarios de Mubarak y los partidarios de la oposición formaron grupos separados en Facebook, cada uno siendo expuesto solo a información que confirmaba sus propias convicciones.

## Viralidad y mecanismos de compromiso

La viralidad y los mecanismos de compromiso son elementos clave en la manipulación de masas y la difusión de ideas. La viralidad se refiere a la rápida y masiva propagación de contenido en Internet, generalmente a través de las redes sociales. Los mecanismos de compromiso, por otro lado, son las formas en que los usuarios interactúan con el contenido, como haciendo clic en «me gusta», compartiendo o comentando.

Las redes sociales han transformado la forma en que se comparte y consume información. Han permitido a las personas conectarse fácil y rápidamente con muchas otras personas que comparten sus mismos intereses y opiniones.

Sin embargo, también han creado entornos donde las ideas suelen polarizarse y las opiniones divergentes son excluidas. Las cámaras de eco y las burbujas de filtro son ejemplos de estos entornos que pueden favorecer la difusión de noticias falsas y la manipulación de la opinión pública.

Los algoritmos de las redes sociales también juegan un papel importante en la manipulación de masas. Pueden fomentar la polarización al presentar a los usuarios contenido similar al que ya han consumido, reforzando así sus creencias y opiniones. El microsegmentación y la publicidad personalizada también se utilizan para dirigirse específicamente a los usuarios según sus intereses y comportamiento en línea, reforzando así su compromiso con contenidos específicos.

Un ejemplo se refiere al movimiento QAnon, una teoría de conspiración que surgió en las redes sociales en 2017. Los seguidores de QAnon creen en una conspiración mundial que involucra a élites políticas y financieras que buscan controlar el mundo. Comparten activamente contenido en las redes sociales para atraer a nuevos seguidores y fortalecer su compromiso. Esta teoría de la conspiración ha experimentado un rápido crecimiento gracias a la viralidad y los mecanismos de compromiso de las redes sociales.

En respuesta a estos problemas, se han creado organizaciones como MediaWise y NewsGuard para promover la educación mediática y combatir la desinformación en línea. MediaWise es una iniciativa de Google que tiene como objetivo enseñar a los jóvenes cómo verificar hechos y detectar noticias falsas en línea. NewsGuard es una herramienta de verificación de hechos que evalúa la confiabilidad de los sitios web en función de criterios como la precisión y la transparencia.

## Bots y trolls: cómo influyen en las opiniones

Las redes sociales han revolucionado la forma en que nos comunicamos e interactuamos entre nosotros. También han creado nuevas oportunidades para que personas malintencionadas manipulen las opiniones públicas a gran escala. Los bots y los trolls son dos ejemplos de estas prácticas maliciosas que se utilizan para influir en las opiniones en las redes sociales.

Los bots son programas informáticos automatizados que realizan tareas repetitivas en Internet, como responder a tweets o publicar mensajes en foros de discusión. Los bots pueden ser programados para difundir mensajes específicos, promover ideas o productos e incluso generar tráfico hacia sitios web.

Los trolls, por otro lado, son personas que intervienen en las discusiones en línea publicando mensajes provocadores u ofensivos con el fin de crear confusión o provocar reacciones negativas. Los trolls también pueden ser contratados para apoyar una causa o una persona en particular difundiendo información falsa o amplificando mensajes.

Los bots y los trolls se utilizan en una variedad de contextos, como la política, los negocios, los medios sociales, las guerras de información y la propaganda. Pueden ser utilizados para reforzar o denigrar una opinión o una persona, para crear cámaras de eco y burbujas de filtro o para provocar reacciones emocionales.

Su efectividad depende en gran medida de su capacidad para pasar desapercibidos. Los bots a menudo se programan para actuar como usuarios humanos, utilizando nombres de usuario genéricos, fotos de perfil aleatorias y reproduciendo el lenguaje y los comportamientos humanos. Los trolls también pueden ocultar su verdadera identidad utilizando seudónimos y direcciones IP anónimas.

Un ejemplo del uso de bots para influir en las opiniones es la elección presidencial de Estados Unidos en 2016. Los investigadores descubrieron que se utilizaron miles de bots para difundir información falsa en las redes sociales para promover la candidatura de Donald Trump. Los bots también se utilizaron para amplificar los mensajes negativos sobre otros candidatos, especialmente sobre Hillary Clinton.

Otro ejemplo del uso de bots y trolls es el conflicto en Siria. Los gobiernos y los grupos militantes han utilizado bots para promover su causa y difundir información falsa. Los trolls también se han utilizado para sembrar confusión y desprestigiar los testimonios de las víctimas del conflicto.

El impacto de los bots y trolls en las opiniones públicas es difícil de medir, pero varios estudios han mostrado que su influencia puede ser significativa. Por ejemplo, se ha demostrado que los bots pueden influir en las tendencias de búsqueda en Twitter, y que los trolls pueden afectar la percepción de los comentarios en línea y la toma de decisiones.

Por lo tanto, es importante ser consciente de la presencia de estas prácticas maliciosas y tomar medidas para contrarrestarlas. Las empresas de redes sociales y los gobiernos pueden desempeñar un papel importante mediante la implementación de regulaciones para evitar el uso abusivo de bots y trolls. Los usuarios individuales también pueden contribuir informando actividades sospechosas y desarrollando un pensamiento crítico para detectar contenido engañoso y perfiles falsos.

## Algoritmos y polarización de opiniones

El uso de algoritmos para personalizar el contenido en línea ha cambiado la forma en que accedemos a la información. Los algoritmos son programas informáticos que utilizan datos de usuarios para recomendar contenido que pueda interesarles. Estos algoritmos se pueden utilizar para seleccionar resultados de búsqueda, publicidad y publicaciones en redes sociales. Aunque los algoritmos pueden ofrecer una experiencia en línea personalizada, también pueden polarizar opiniones al filtrar la información presentada a los usuarios.

Por ejemplo, los algoritmos de recomendación de YouTube han sido criticados por dirigir a los usuarios hacia videos extremistas y conspirativos debido a la forma en que se clasifican y recomiendan los videos.

Los algoritmos utilizan datos como el historial de búsqueda, los clics previos y la información del perfil para recomendar contenido relevante a los usuarios. Las empresas utilizan estos datos para adaptar su contenido y su publicidad según los intereses del usuario. Sin embargo, esta personalización de la experiencia en línea también puede crear burbujas de filtro, en las que los usuarios solo se ven expuestos a información que se alinea con sus opiniones preexistentes. Esta polarización de opiniones puede llevar a una fragmentación de la sociedad, donde las personas solo se exponen a opiniones similares y no se enfrentan a una diversidad de opiniones.

Otro ejemplo es el de las teorías de conspiración, que a menudo son amplificadas por los algoritmos de las redes sociales. Las personas que creen en las teorías de conspiración tienden a buscar información que confirme su punto de vista, lo que significa que los algoritmos pueden recomendar más contenido conspirativo, reforzando así su convicción. Esto puede llevar a una polarización aún mayor de la sociedad y a divisiones más profundas entre las diferentes comunidades.

Las redes sociales, como Facebook y Twitter, también utilizan algoritmos basados en datos de usuarios para recomendar contenido relevante. Los algoritmos de Facebook están diseñados para mostrar el contenido más relevante e interesante para cada usuario. Sin embargo, esto también puede crear una cámara de eco, donde los usuarios solo se exponen a opiniones similares a las suyas, ya que el contenido que no se ajusta a sus intereses no aparece en su feed de noticias.

# Micro-segmentación y publicidad personalizada

Hoy en día, las empresas y organizaciones pueden utilizar tecnologías avanzadas para micro-segmentar publicidades personalizadas basadas en los datos de los usuarios recopilados en redes sociales y sitios web. Esta técnica de marketing permite ofrecer publicidades más relevantes y atractivas para los consumidores objetivo, lo que puede aumentar las posibilidades de que compren un producto o se adhieran a una idea. Sin embargo, esta práctica plantea cuestiones éticas sobre el uso de los datos de los usuarios y cómo puede afectar su privacidad y libertad de pensamiento.

Por ejemplo, en 2018, Facebook fue acusado de permitir que la firma de consultoría política Cambridge Analytica accediera a datos de más de 50 millones de usuarios de Facebook para dirigir publicidades políticas personalizadas durante las elecciones presidenciales de Estados Unidos en 2016. Se afirmó que Cambridge Analytica utilizó los datos para dirigirse a los votantes en función de su psicología, opiniones políticas e intereses.

La micro-segmentación consiste en utilizar algoritmos para recopilar y analizar datos de los usuarios y ofrecer publicidades personalizadas según sus preferencias y comportamiento en línea. Las empresas pueden dirigirse a los consumidores en función de su edad, género, ubicación geográfica, intereses e incluso comportamiento de compra anterior. Las publicidades personalizadas pueden mostrarse en redes sociales, sitios web, aplicaciones móviles e incluso televisores conectados.

Por ejemplo, Amazon utiliza algoritmos de micro-segmentación para recomendar productos a sus clientes según su historial de compra, historial de navegación en el sitio, búsquedas e intereses.

Aunque esto puede parecer una práctica de marketing efectiva, la micro-segmentación plantea preocupaciones sobre el impacto en la privacidad de los usuarios. Las empresas pueden recopilar datos personales de los usuarios sin su consentimiento explícito y utilizar esta información para fines publicitarios. Además, los algoritmos pueden crear perfiles de usuario y dirigirse a ellos con publicidades que pueden influir en su opinión y comportamiento, sin que sean conscientes de ello.

La micro-segmentación también es preocupante en el contexto de las elecciones y la manipulación de la opinión pública. Las campañas políticas pueden utilizar esta técnica para dirigir publicidades políticas personalizadas en función de la edad, género, ubicación geográfica y opiniones políticas de los usuarios. Estas publicidades pueden usarse para difundir noticias falsas, ataques personales o para polarizar la opinión pública.

Los usuarios aún pueden limitar la recopilación de datos personales ajustando la configuración de privacidad en las redes sociales y sitios web que visitan. Las empresas también deben ser transparentes sobre cómo recopilan y utilizan los datos de los usuarios. Por ejemplo, en Europa, el Reglamento General de Protección de Datos (GDPR) entró en vigencia en mayo de 2018 para proteger la privacidad de los usuarios y regular la recopilación y uso de sus datos.

# Marketing político y manipulación electoral

## Técnicas de comunicación política

En el ámbito de la comunicación política, se suelen utilizar técnicas de persuasión e influencia para manipular la opinión pública a favor de un candidato, partido político o ideología. Estas técnicas están diseñadas para apuntar a las emociones, los miedos y los deseos de los votantes con el fin de persuadirlos a tomar una decisión a favor del candidato o partido en cuestión. A continuación, se presentan algunas de las técnicas más comunes utilizadas en la comunicación política:

Uso de encuestas y datos para manipular la opinión pública:

Las encuestas pueden utilizarse para influir en la opinión pública a favor de un candidato o partido político. Los resultados de las encuestas pueden manipularse para dar la impresión de que un candidato o partido político es más popular de lo que realmente es.

Por ejemplo, durante las elecciones presidenciales de 2020 en Polonia, se utilizaron encuestas para presentar al candidato del partido en el poder, Andrzej Duda, como el favorito de las elecciones, influenciando así la opinión pública a favor de su partido político. Esta estrategia resultó efectiva para movilizar a los votantes y alentar a las personas a votar por el partido en el poder.

Gestión de la imagen y el discurso político:

La gestión de la imagen y el discurso político es una técnica
de comunicación que consiste en presentar a un candidato o
partido político de manera favorable. Los discursos políticos
pueden redactarse de manera que resalten las fortalezas
y cualidades del candidato o partido político, al tiempo que
minimizan las debilidades y defectos.

Por ejemplo, durante la campaña presidencial de 2008 en
Estados Unidos, el candidato Barack Obama utilizó el eslogan
«Yes we can» («Sí, podemos») para promover su mensaje
de esperanza y cambio. Esta campaña de comunicación
resultó eficaz para atraer a los votantes jóvenes y fomentar la
participación electoral.

Técnicas de storytelling y framing:

Las técnicas de storytelling y framing se utilizan para
presentar los problemas políticos desde cierto punto de vista.
Los candidatos y partidos políticos pueden utilizar historias
conmovedoras para apelar emocionalmente a los votantes, o
enmarcar un problema de manera que resalten los beneficios
de su posición.

Por ejemplo, durante las elecciones presidenciales de Francia
en 2017, el candidato Emmanuel Macron utilizó un enfoque
centrado en los ciudadanos para apelar emocionalmente
a los votantes y promover su mensaje de cambio. Macron
presentó su programa electoral en forma de relato,
resaltando ejemplos concretos para ilustrar sus argumentos.

Publicidad personalizada y microsegmentación:

La publicidad personalizada y la microsegmentación son técnicas que permiten difundir anuncios dirigidos según datos demográficos, preferencias políticas y comportamientos en línea de los votantes. Estos anuncios pueden utilizarse para influir en las opiniones de los votantes a favor de un candidato o partido político.

Por ejemplo, durante las elecciones presidenciales de 2016 en Estados Unidos, la campaña de Donald Trump utilizó datos demográficos y comportamientos en línea para dirigir los anuncios de acuerdo con las preferencias políticas de los votantes. Esta técnica resultó eficaz para influir en la opinión pública y alentar a los votantes a favor de Trump.

Campañas de desinformación:

Las campañas de desinformación son técnicas utilizadas para difundir información falsa con el fin de manipular la opinión pública. Estas campañas pueden consistir en noticias falsas, rumores o teorías de conspiración.

Durante las elecciones presidenciales de 2016 en Estados Unidos, se utilizaron campañas de desinformación para difundir noticias falsas en las redes sociales. Estas campañas resultaron efectivas para influir en la opinión pública y alentar a los votantes a favor de un candidato o partido político en particular.

Es importante destacar que no todas estas técnicas de

comunicación política son necesariamente malas en sí mismas. Los candidatos y partidos políticos tienen derecho a hacer campaña y promover sus ideas. Sin embargo, es importante que los votantes sean conscientes de estas técnicas y puedan tomar decisiones informadas. Se debe alentar a los votantes a buscar fuentes de información confiables y a ejercer el pensamiento crítico antes de tomar una decisión política.

Gestión de la imagen y el discurso político:

La gestión de la imagen y el discurso político es una parte esencial de la manipulación de masas. Los políticos y los partidos políticos utilizan técnicas sofisticadas para moldear su imagen y mensaje de manera que obtengan el apoyo del público.

Los políticos a menudo contratan consultores de comunicación para ayudarles a desarrollar una imagen pública positiva. Pueden utilizar encuestas de opinión para determinar qué es popular entre el público y ajustar su imagen en consecuencia. También pueden enfocarse en temas importantes para su base de apoyo para fortalecer su imagen positiva.

Además de la gestión de la imagen, los políticos utilizan todas las técnicas mencionadas anteriormente en el libro. Desde las más sofisticadas hasta las más sencillas, para dar forma a su mensaje de manera que obtengan el apoyo del público.

Por ejemplo, pueden utilizar técnicas de framing para presentar un problema como una elección entre dos opciones opuestas, cuando en realidad hay varias opciones posibles.

Al presentar un tema como un asunto de seguridad nacional, los políticos pueden convencer al público de apoyar medidas que de otra manera serían impopulares. El uso de términos como «terrorismo» o «inmigración ilegal» también puede influir en la opinión pública a favor de una acción gubernamental más estricta.

Además, también pueden utilizar técnicas de storytelling para contar historias que refuercen su imagen y mensaje. Las historias pueden utilizarse para presentar a un político de manera positiva, haciéndolo parecer como un héroe que resuelve los problemas de la sociedad.

Por último, los políticos pueden utilizar técnicas de persuasión para convencer al público de apoyar su posición. Pueden utilizar principios de persuasión como la reciprocidad, la autoridad, el compromiso y la prueba social para influir en la opinión pública. Además, también pueden utilizar estrategias de desinformación para engañar al público y obtener su apoyo.

# Técnicas de gerrymandering y supresión de votantes

La manipulación electoral puede adoptar muchas formas, entre las cuales una de las más insidiosas es el gerrymandering y la supresión de votantes. El gerrymandering es una técnica utilizada para modificar los límites de los distritos electorales para favorecer a un partido político en detrimento de otro. Esta práctica puede ser llevada a cabo de manera descarada o sutil, pero en todos los casos tiene como objetivo asegurar la victoria de un partido político manipulando los votos.

Tomemos como ejemplo el gerrymandering en Estados Unidos. En 2010, después de las elecciones de medio mandato, los republicanos ganaron un gran número de escaños en las legislaturas estatales, lo que les dio una ventaja considerable al redistribuir los límites de los distritos electorales. Utilizando datos demográficos y electorales, crearon distritos que favorecían en gran medida a los republicanos, aislando a los votantes demócratas en distritos de mayoría demócrata.

Esto tuvo el efecto de polarizar cada vez más las elecciones y reducir la representación de las minorías étnicas y socioeconómicas en las legislaturas estatales. También condujo a políticas públicas que favorecían los intereses de los republicanos en detrimento de los intereses de la población en general.

La supresión de votantes es otra técnica de manipulación electoral que tiene como objetivo impedir la participación de ciertos votantes en las elecciones. Esta técnica puede ser utilizada de diversas formas, como eliminar listas de votantes, imponer reglas de votación estrictas o cerrar lugares de votación en vecindarios desfavorecidos.

En cuanto a la supresión de votantes, tomemos como ejemplo el estado de Georgia en las elecciones de 2018. En ese momento, el secretario de Estado, Brian Kemp, quien también era candidato a gobernador, implementó una serie de medidas para desalentar la participación electoral. Estas medidas incluyeron el cierre de lugares de votación en áreas predominantemente afrodescendientes, la exigencia de una identificación con foto para votar, la eliminación de listas de votantes y la imposición de reglas de votación estrictas.

Estas técnicas de manipulación electoral tienen consecuencias perjudiciales para la democracia y la participación ciudadana. También pueden reforzar las desigualdades socioeconómicas al marginar a ciertos grupos de la sociedad.

# La resistencia a la manipulación y la promoción del pensamiento crítico

## Educación en medios de comunicación e información

La educación en medios de comunicación e información es clave para ayudar a las personas a comprender y resistir la manipulación de masas. Esta educación debe comenzar desde temprana edad y continuar a lo largo de toda la vida.

Un enfoque esencial consiste en enseñar a las personas a identificar y evaluar las fuentes de información. Es importante entender que no todas las fuentes son iguales y que es esencial contar con información confiable para formar una opinión informada. Las personas deben aprender a distinguir los hechos de las opiniones, las fuentes de información confiables de las fuentes de información dudosas o engañosas, y los argumentos sólidos de los argumentos falaces.

Para facilitar este aprendizaje, se pueden utilizar analogías. Por ejemplo, se puede comparar el consumo de información con el consumo de alimentos: al igual que con los alimentos, es importante preguntarse de dónde provienen las informaciones que consumimos, cuáles son los ingredientes que las componen y si son beneficiosas para nuestra salud mental y bienestar.

Además de comprender las fuentes de información, las personas también deben aprender a reconocer las técnicas de manipulación de masas. Esto incluye comprender los sesgos cognitivos, las técnicas de persuasión e influencia, así como las estrategias de propaganda y enmarcamiento.

El desarrollo del pensamiento crítico también es esencial. Las personas deben aprender a hacer preguntas, cuestionar las ideas preconcebidas, evaluar las pruebas y mostrar un espíritu crítico frente a la información que reciben.

El uso del humor y las metáforas puede ser un buen enfoque para ayudar en el aprendizaje del pensamiento crítico. Por ejemplo, se puede utilizar la analogía del detective para ayudar a las personas a entender la importancia de hacer preguntas y buscar pruebas para llegar a una conclusión sólida.

Por último, es importante alentar a las personas a diversificar sus fuentes de información. Las personas deben comprender que los medios de comunicación tienen sesgos e intereses, y que la exposición a una variedad de perspectivas puede ayudar a comprender los problemas de manera más completa.

En conclusión, la educación en medios de comunicación e información es clave para ayudar a las personas a resistir la manipulación de masas. Las personas deben aprender a identificar y evaluar las fuentes de información, reconocer las técnicas de manipulación, desarrollar el pensamiento crítico y diversificar sus fuentes de información. Esto puede facilitarse mediante el uso de analogías y metáforas para ayudar en la comprensión.

## Importancia de la diversidad de fuentes de información

En nuestro mundo moderno, estamos expuestos a una gran cantidad de información de diferentes fuentes. Sin embargo, no todas las fuentes son confiables y algunas pueden incluso ser maliciosas, con el objetivo de manipular e influir en la opinión pública. Por lo tanto, es crucial diversificar nuestras fuentes de información para evitar caer en la trampa de la manipulación de masas.

De hecho, la diversidad de fuentes de información nos permite tener una visión más amplia y matizada de los eventos y temas actuales. Al exponer nuestra mente a diferentes perspectivas y puntos de vista contradictorios, podemos desarrollar nuestro pensamiento crítico y nuestra capacidad de evaluar la información de manera independiente. Esto puede ayudarnos a evitar creer ciegamente discursos simplistas o información falsa que a menudo se difunden en los medios de comunicación y en las redes sociales.

Para diversificar nuestras fuentes de información, es importante buscar medios de comunicación y sitios de información con reputación de objetividad y confiabilidad. También es útil consultar fuentes internacionales para obtener una perspectiva diferente sobre los eventos que ocurren en nuestro propio país. Por último, es importante seguir fuentes con una perspectiva diferente a la nuestra, incluso si no estamos de acuerdo con ellas. Esto puede ayudarnos a comprender los argumentos de las personas que tienen puntos de vista diferentes y a encontrar puntos de convergencia.

En resumen, la diversidad de fuentes de información es esencial para desarrollar nuestro pensamiento crítico y evitar la manipulación de masas. Al exponernos a diferentes y contradictorias perspectivas, podemos comprender mejor los eventos y temas actuales y tomar decisiones informadas. Por lo tanto, es importante buscar fuentes de información confiables y mantenernos informados de manera activa e independiente.

## Desarrollo del pensamiento crítico y del razonamiento

En un mundo donde la información está en todas partes y donde la desinformación puede propagarse fácilmente, es crucial desarrollar nuestro pensamiento crítico y nuestro razonamiento para protegernos contra la manipulación de masas. El desarrollo del pensamiento crítico y del razonamiento implica varias etapas clave que pueden ayudarnos a comprender y analizar mejor la información que se nos presenta.

La primera etapa consiste en cuestionar nuestras creencias y suposiciones. Debemos estar abiertos a cuestionar nuestras opiniones y posiciones, y estar dispuestos a examinar los argumentos y las pruebas que los respaldan. También debemos ser conscientes de nuestros sesgos y prejuicios, y estar dispuestos a cuestionarlos.

La segunda etapa consiste en buscar fuentes de información confiables y creíbles. Es importante confiar en fuentes de información que hayan demostrado su confiabilidad y su imparcialidad. También debemos ser conscientes de las fuentes sesgadas y la propaganda, y estar dispuestos a examinar críticamente la información.

La tercera etapa consiste en evaluar los argumentos y las pruebas presentados. Debemos estar dispuestos a examinar las pruebas y evaluar su confiabilidad y relevancia. También debemos ser conscientes de las técnicas de manipulación de masas que pueden usarse para presentar argumentos engañosos o falaces.

La cuarta etapa consiste en desarrollar nuestras habilidades de razonamiento lógico y resolución de problemas. Debemos estar dispuestos a examinar críticamente la información y evaluar los argumentos utilizando métodos de razonamiento lógico riguroso. También debemos ser capaces de resolver problemas de manera creativa y proponer soluciones basadas en pruebas sólidas y argumentos lógicos.

La quinta etapa consiste en comunicar nuestras conclusiones de manera clara y concisa. Debemos ser capaces de comunicar eficazmente nuestras ideas y conclusiones, utilizando un lenguaje claro y preciso. También debemos estar dispuestos a escuchar las opiniones de los demás y a discutir de manera constructiva y respetuosa.

En resumen, el desarrollo del pensamiento crítico y del razonamiento es un proceso continuo que implica cuestionar nuestras creencias y suposiciones, buscar fuentes de información confiables y creíbles, evaluar los argumentos y las pruebas presentados, desarrollar nuestras habilidades de razonamiento lógico y resolución de problemas, y comunicar eficazmente nuestras conclusiones. Al desarrollar estas habilidades, podemos protegernos mejor contra la manipulación de masas y contribuir a un mundo más iluminado y consciente.

## Promover el diálogo y el debate constructivo

En esta sección, exploraremos la importancia del diálogo y el debate constructivo en la lucha contra la manipulación de masas. Es fundamental comprender que la manipulación de masas a menudo funciona aprovechando los miedos, los prejuicios y las emociones de las personas, y presentando información sesgada o engañosa para influir en su opinión. Para contrarrestar esto, es crucial crear un entorno donde las personas puedan expresarse libremente e intercambiar puntos de vista de manera abierta y respetuosa.

El diálogo y el debate constructivo pueden desempeñar un papel clave en la lucha contra la manipulación de masas al alentar a las personas a considerar diferentes perspectivas y examinar la información críticamente. El diálogo puede ayudar a aclarar malentendidos y aclarar puntos de vista, mientras que el debate constructivo puede ayudar a identificar debilidades en los argumentos y mejorar las ideas al confrontarlas con otras perspectivas.

Sin embargo, es importante tener en cuenta que el diálogo
y el debate constructivo solo son efectivos si se llevan a
cabo de manera respetuosa y justa. Esto significa que
todos los participantes deben estar dispuestos a escuchar
atentamente otros puntos de vista y considerar las pruebas
presentadas antes de responder. Además, el debate debe
llevarse a cabo en un espíritu de cooperación en lugar de
confrontación, y cada participante debe ser alentado a
expresar sus opiniones de manera respetuosa y no agresiva.

También es importante crear un entorno seguro e inclusivo
para que todos los participantes se sientan cómodos al
expresarse. Esto significa que los participantes deben
mostrarse respeto mutuo, evitar estigmatizar las opiniones
de los demás y no presionar a los demás para que se
adhieran a una opinión particular.

Finalmente, el diálogo y el debate constructivo deben
estar respaldados por información factual y confiable. Los
participantes deben ser alentados a verificar los hechos y
considerar fuentes de información diversas y creíbles antes
de tomar posición. En un mundo donde la desinformación es
omnipresente, es crucial basarse en hechos verificables para
evitar ser engañado.

En conclusión, el diálogo y el debate constructivo
pueden desempeñar un papel crucial en la lucha contra
la manipulación de masas. Al alentar a las personas a
considerar diferentes perspectivas y examinar críticamente
la información, podemos ayudar a crear un entorno donde
las opiniones se basen en hechos y no en emociones
manipuladas. Esto requiere un compromiso activo de todos

de estar dispuestos a escuchar atentamente, considerar las pruebas presentadas y expresarse de manera respetuosa y no agresiva.]

# Apéndice: Estudios de caso y ejemplos históricos

## Las campañas de propaganda de los regímenes totalitarios (nazismo, comunismo)

Las campañas de propaganda llevadas a cabo por los regímenes totalitarios como el nazismo y el comunismo dejaron una huella en la historia debido a su alcance y eficacia. Estos regímenes comprendieron la importancia de la manipulación de masas para controlar la opinión pública y consolidar su poder sobre la población. Su objetivo era crear un consenso en torno a su ideología, eliminar cualquier forma de oposición y hacer que su visión del mundo fuese aceptada como la única realidad posible.

Los regímenes totalitarios implementaron sofisticados dispositivos de propaganda aprovechando todos los medios de comunicación disponibles: prensa, radio, cine, carteles, discursos públicos, entre otros. Utilizaron técnicas de manipulación probadas, como la repetición, la desinformación, la apelación a la autoridad y la manipulación emocional. También recurrieron a símbolos e imágenes impactantes para dejar una marca en la mente de las personas y lograr su adhesión.

El régimen nazi en Alemania utilizó la propaganda para difundir su ideología antisemita y justificar la persecución de los judíos. El Partido Nazi implementó un sofisticado dispositivo de propaganda, utilizando carteles, periódicos, películas y discursos públicos para demonizar a los judíos y presentar su exterminio como una necesidad para la supervivencia de la nación. Además, los nazis crearon caricaturas y estereotipos de los judíos, acusándolos de todos los males de la sociedad. También organizaron manifestaciones y boicots contra los comercios judíos para reforzar su discurso antisemita. Una de las campañas más famosas fue la «Noche de los Cristales Rotos» en noviembre de 1938, en la cual los nazis atacaron e incendiaron comercios y sinagogas judías en toda Alemania.

Del mismo modo, el régimen comunista en la Unión Soviética utilizó la propaganda para justificar la represión política y económica. El Partido Comunista difundió su ideología a través de carteles, películas, periódicos y discursos públicos, presentando el comunismo como el único camino posible hacia la emancipación de los trabajadores y la construcción de una sociedad justa. Sin embargo, esta propaganda también se utilizó para justificar la represión política y la eliminación de los opositores al régimen. Uno de los ejemplos más conocidos es el Gran Terror de 1937-38, durante el cual cientos de miles de personas sospechosas de oponerse al régimen fueron arrestadas y ejecutadas.

Estas campañas de propaganda resultaron aún más efectivas debido al contexto de crisis económica, política y social en el que se llevaron a cabo, propicio para la desorientación y la búsqueda de puntos de referencia. Los regímenes totalitarios aprovecharon los miedos y las incertidumbres de la población para transmitir su mensaje y reforzar su dominio sobre la sociedad.

Sin embargo, las campañas de propaganda de los regímenes totalitarios también mostraron sus limitaciones. Finalmente, despertaron la desconfianza y la resistencia de algunos grupos de la población, en particular intelectuales y artistas, quienes criticaron abiertamente al régimen. Los movimientos de resistencia también contribuyeron a deslegitimar la propaganda y a movilizar la opinión pública en contra del régimen.

En conclusión, las campañas de propaganda llevadas a cabo por los regímenes totalitarios fueron ejemplos impactantes de manipulación de masas. Utilizaron técnicas sofisticadas para controlar la opinión pública e imponer su ideología. Sin embargo, estas campañas también mostraron sus limitaciones, especialmente debido a la resistencia de algunos grupos de la población. Es importante comprender estos mecanismos para evitar caer en los mismos engaños en el futuro.

La influencia de los medios de comunicación en las guerras y los conflictos (por ejemplo, la Guerra de Vietnam, la guerra en Iraq)

La guerra a menudo se utiliza como medio de manipulación de masas para justificar las acciones y obtener el apoyo de la población. Los medios de comunicación desempeñan un papel crucial en la forma en que los conflictos son percibidos y comprendidos por el público, así como en la forma en que los gobiernos pueden justificar su intervención en los conflictos armados.

Tomemos el ejemplo de la Guerra de Vietnam. Los medios de

comunicación jugaron un papel importante en la formación de la opinión pública y la oposición a la guerra. Las imágenes de soldados estadounidenses muertos o heridos, así como de civiles vietnamitas inocentes, impactaron a la opinión pública y contribuyeron al aumento de la oposición a la guerra en los Estados Unidos. Los informes de periodistas como Walter Cronkite también ayudaron a que las personas entendieran los costos humanos de la guerra y alimentaron el movimiento de protesta.

Sin embargo, el impacto de los medios de comunicación en la guerra no se detiene ahí. Los medios de comunicación también desempeñan un papel importante en la forma en que los gobiernos justifican su intervención en conflictos armados. Por ejemplo, en el contexto de la guerra en Iraq, los medios de comunicación difundieron ampliamente las afirmaciones de que el régimen de Saddam Hussein poseía armas de destrucción masiva, lo cual fue utilizado como justificación para la invasión de Iraq por parte de los Estados Unidos. Sin embargo, estas afirmaciones resultaron ser falsas, y muchos críticos acusaron a los medios de comunicación de haber sido manipulados por el gobierno estadounidense para apoyar la guerra.

Es importante destacar que los gobiernos pueden manipular la información difundida en los medios de comunicación para generar reacciones emocionales y justificar acciones militares controvertidas. Por lo tanto, es importante que los ciudadanos se mantengan alerta y críticos frente a la información que reciben, ejerciendo discernimiento y examinando cuidadosamente las fuentes de información.

Los periodistas, a su vez, desempeñan un papel importante en evitar la manipulación de la información durante los conflictos armados. Deben esforzarse por proporcionar información precisa y equilibrada sobre los acontecimientos en curso, verificándolos con múltiples fuentes confiables. Además, deben ser conscientes de su responsabilidad hacia el público y esforzarse por ser imparciales y objetivos.

Finalmente, es importante destacar que los medios de comunicación también pueden desempeñar un papel positivo en la resolución de conflictos armados. Al cubrir los acontecimientos de manera objetiva y fomentar el diálogo entre las partes en conflicto, los medios de comunicación pueden contribuir a reducir tensiones y promover la paz.

## Exitosas campañas de marketing político (Barack Obama, Brexit, Donald Trump)

La manipulación de masas es una práctica común en el mundo de la política, donde las campañas de marketing político se utilizan para influir en la opinión pública y ganar elecciones. Las exitosas campañas de marketing político, como las llevadas a cabo por Barack Obama, el Brexit y Donald Trump, han sido objeto de estudio para comprender las técnicas de persuasión e influencia utilizadas para obtener resultados.

La campaña de Barack Obama en 2008 se considera una de las campañas de marketing político más exitosas de todos los tiempos. El eslogan «Yes We Can» se utilizó ampliamente para movilizar a los votantes, especialmente a los jóvenes y las minorías, y el mensaje de esperanza y cambio se repitió de manera coherente a lo largo de la campaña. La campaña también utilizó eficazmente las redes sociales para movilizar a los votantes, difundir mensajes clave y recaudar fondos.

El Brexit, la campaña que condujo a la salida del Reino Unido de la Unión Europea en 2016, es un ejemplo de una exitosa campaña de marketing político que utilizó técnicas de manipulación emocional para influir en los votantes. La campaña se centró en el miedo a la inmigración, utilizando slogans como «Take back control» («Recuperemos el control») para promover la soberanía nacional e independencia. Los partidarios de la campaña también utilizaron las redes sociales para difundir información engañosa y noticias falsas, así reforzaron la polarización y la desinformación.

La campaña de Donald Trump en 2016 también es un ejemplo de una exitosa campaña de marketing político que utilizó técnicas de persuasión e influencia para movilizar a los votantes. La campaña se enfocó en el mensaje «Make America Great Again» («Hagamos que América vuelva a ser grande»), que se repitió de manera coherente a lo largo de la campaña. La campaña también utilizó eficazmente las redes sociales, empleando tácticas como la microfocalización y la publicidad personalizada para llegar a grupos específicos de votantes.

Estas exitosas campañas de marketing político utilizaron técnicas de persuasión e influencia para movilizar a los votantes y obtener votos. Las técnicas utilizadas incluyeron la repetición de mensajes clave, el uso de slogans simples y memorables, la utilización de redes sociales para movilizar a los votantes y la creación de polarización para reforzar las opiniones.

El impacto de las redes sociales en las revoluciones y los movimientos sociales (primavera árabe, movimiento Occupy, los chalecos amarillos)

Las redes sociales han tenido un impacto significativo en los movimientos sociales y las revoluciones en todo el mundo. Su capacidad para facilitar la rápida difusión de información y movilizar a grandes grupos de personas ha creado nuevas oportunidades para los movimientos de protesta. Sin embargo, su papel en estos movimientos también ha planteado preguntas sobre cómo pueden ser utilizadas para influir y manipular la opinión pública.

La Primavera Árabe fue uno de los primeros ejemplos de la capacidad de las redes sociales para movilizar rápidamente a las masas. En Túnez, el activista político Mohamed Bouazizi se inmoló por fuego para protestar contra el acoso policial. Las imágenes de su cuerpo en llamas se compartieron en Facebook y Twitter, generando una ola de protestas que finalmente condujo a la caída del presidente Zine El Abidine Ben Ali. Las redes sociales también desempeñaron un papel importante en los movimientos de protesta en Egipto, Libia y Siria.

El movimiento Occupy también utilizó las redes sociales para movilizar y organizar protestas. Las manifestaciones comenzaron en el parque Zuccotti de Nueva York en septiembre de 2011, pero rápidamente se extendieron a otras ciudades de Estados Unidos y del mundo. El hashtag

#OccupyWallStreet se popularizó rápidamente en Twitter, permitiendo a los manifestantes compartir información y fotos en tiempo real.

Los chalecos amarillos en Francia también se movilizaron ampliamente a través de las redes sociales. El movimiento comenzó en noviembre de 2018 en respuesta a un aumento en el impuesto a los combustibles, pero rápidamente se transformó en una protesta más amplia contra la política económica del gobierno. Los chalecos amarillos utilizaron las redes sociales para organizar manifestaciones, compartir videos de violencia policial y movilizar a la opinión pública.

Sin embargo, las redes sociales también se utilizaron para manipular la opinión pública e influir en los resultados de las elecciones. En 2016, trolls rusos utilizaron las redes sociales para influir en las elecciones presidenciales de Estados Unidos en favor de Donald Trump. Crearon cuentas falsas para difundir información engañosa, sembrar discordia y fomentar la polarización política.

Es importante tener en cuenta que el impacto de las redes sociales en los movimientos sociales no siempre es positivo. Si bien las redes sociales pueden amplificar las voces de aquellos que están subrepresentados y marginados, también pueden utilizarse para difundir información falsa y manipular la opinión pública. Por lo tanto, es esencial comprender cómo se utilizan las redes sociales en los movimientos sociales y promover un uso responsable y ético de estas herramientas.